Runas nórdicas y Trolldom

Una guía de símbolos rúnicos, adivinación rúnica, hechizos y magia nórdica tradicional de Suecia, Noruega, Dinamarca y Finlandia

Su regalo gratuito

¡Gracias por descargar este libro! Si desea aprender más acerca de varios temas de espiritualidad, entonces únase a la comunidad de Mari Silva y obtenga el MP3 de meditación guiada para despertar su tercer ojo. Este MP3 de meditación guiada está diseñado para abrir y fortalecer el tercer ojo para que pueda experimentar un estado superior de conciencia.

https://livetolearn.lpages.co/mari-silva-third-eye-meditation-mp3-spanish/

¡O escanee el código QR!

Índice de contenidos

Primera Parte: Runas del Futhark Antiguo

Revelando la Adivinación Rúnica, Magia Nórdica, Hechizos y Símbolos Rúnicos

Introducción

Las runas del Futhark antiguo son símbolos mágicos que transmiten la historia de la vida desde su primera creación en el Universo hasta el nacimiento, la muerte y el renacimiento de cada ser vivo. Según la mitología nórdica, estas fuerzas tienen lugar constantemente en la naturaleza y también están presentes en todos los aspectos de la magia. Las tribus germánicas que vivían en el norte de Europa descubrieron hace siglos que las runas proporcionaban una salida a la magia natural. También las utilizaron como herramientas para aprovechar la energía natural.

Este libro le ayudará a comprender que la magia de las runas nórdicas no está limitada por el simbolismo de alguna runa individual. Además, los significados de cada una de las runas también están ligados al significado de las otras. Las runas del Futhark antiguo inicialmente no eran más que una serie de sonidos, a menudo descritos como encantamientos. También se utilizaban para comunicarse con el mundo espiritual y la naturaleza y para expresar gratitud. Todos estos aspectos son herramientas valiosas para un practicante de magia nórdica contemporánea, independientemente de su nivel de experiencia.

Este libro le enseñará cómo utilizar las runas nórdicas en orden inverso al de cómo fueron descubiertas. En lugar de escribir los símbolos después de familiarizarse con su concepto tal como sucedió a lo largo de los siglos, primero practicará escribirlas como una forma de familiarizarse con su significado. Aquí es donde la parte práctica del libro, la cual es fácil de usar, resultará útil. Esto le enseñará cómo equiparar las 24 runas del

Futhark antiguo con las letras del alfabeto latino, comenzando con la F y terminando con la O.

Después de practicar su forma escrita, estará listo para aprender sobre los tres propósitos de las runas: comunicación, adivinación e invocaciones. La segunda mitad de este libro proporciona muchas técnicas prácticas para incorporar estas intenciones a su práctica. No solo eso, sino que también incluirá todos los diferentes significados asociados con cada runa.

La cantidad de formas en que incorporas runas nórdicas en prácticas mágicas es infinita. Esto se ha vuelto más que evidente a través del reciente resurgimiento de Asatru, el Odinismo y otros enfoques mágicos nórdicos similares. Independientemente de lo que implique su práctica de magia nórdica, ampliar su conocimiento sobre las runas del Futhark antiguo le permitirá acceder a nuevas vías de adivinación, hechizos y más.

Al ser la forma más antigua del alfabeto rúnico, el Futhark antiguo representa la puerta de entrada a la forma de magia más elemental y empoderadora. Entonces, si está listo para empoderarse a través de las runas nórdicas, siga leyendo. Descubrirá un mundo donde usar la magia natural es tan fácil como respirar. Una vez que se familiarice con todo el simbolismo rúnico y aprenda a crear el propio, encontrar formas de enriquecer su práctica será una de sus mayores fortalezas. Después de todo, la adivinación, los hechizos, la comunicación espiritual y los rituales no son las únicas formas de aprovechar la energía a través de las runas. También puede incorporarlo a sus ejercicios de meditación, usarlos como protección mientras duerme o incluso usarlos como joyas y otras formas de talismanes. Con todas estas formas de hacerse más consciente de la magia nórdica, ¡usted decide cómo y cuándo empezar a implementarlas!

Capítulo 1: Introducción a la Mitología Nórdica

No podemos hablar de las runas del Futhark antiguo sin mencionar su origen, que era la mitología nórdica. Quizás esté familiarizado con la mitología nórdica, ya que los personajes de Marvel, Thor, Loki y Odín, se inspiraron en ella. El autor inglés Neil Gaiman también se inspiró en la mitología nórdica y escribió un libro con el mismo nombre. Muchos de los personajes de su novela "Dioses americanos" (que luego se convirtió en un programa de televisión) se basaron en dioses nórdicos como Loki y Odín. Otro autor inglés fuertemente influenciado por la mitología nórdica es J. R. R. Tolkien, especialmente en sus populares novelas El Señor de los Anillos y El Hobbit. La mitología nórdica llegó a la cultura moderna junto con los vikingos o nórdicos, retratados en varias películas y programas de televisión.

Los vikingos eran un grupo de personas de varios países como Islandia, Noruega, Suecia y Dinamarca que seguían la religión pagana nórdica. Eran exploradores, comerciantes, conquistadores, asaltantes y colonos. Vivieron durante la apropiadamente llamada "Era vikinga" desde 793 EC hasta 1066 EC. Viajaron a múltiples lugares fuera de Europa, como la antigua Bagdad y América del Norte, que descubrieron siglos antes de que naciera Cristóbal Colón. Hablaban el idioma nórdico antiguo, un idioma germánico, y escribían runas que analizaremos en detalle en los próximos capítulos.

Diversas razones llevaron a los vikingos a abandonar su tierra natal y conquistar el mundo. Sin embargo, lo que deseaban más que nada era riqueza y poder. Nos dejaron muchos poemas, leyendas y sagas de sus vidas durante la época precristiana. De hecho, sabemos más sobre la religión de los vikingos que sobre cualquier otra religión germánica. Sin embargo, todas las religiones germánicas compartían algunas similitudes con el paganismo nórdico.

Aunque las mitologías griega y romana y sus dioses son más populares, esto no hace que la mitología nórdica y sus dioses y leyendas sean menos fascinantes. A medida que más y más personas descubren la mitología nórdica, su popularidad crece, lo que ha dejado su huella en la civilización moderna. Sin embargo, si cree que sabe todo sobre la mitología nórdica después de ver una película o un programa de televisión, estamos aquí para decirle que las verdaderas leyendas son mucho más fascinantes. Este capítulo se centrará en la mitología nórdica y revelará sus numerosos secretos.

¿Qué Es la Mitología Nórdica?

Podemos pensar que sabemos que la mitología nórdica se basó en lo que sabemos sobre sus intrépidos guerreros, los vikingos, o sus dioses populares, Thor y Loki. Sin embargo, existe mucho más sobre esto de lo que se representa en la cultura moderna. Una gran parte de la mitología nórdica era su religión y las diversas creencias fuertemente practicadas y seguidas por los germánicos europeos. Todas las tribus que residían en el norte y centro de Europa en ese momento practicaban la misma religión nórdica y hablaban las mismas lenguas nórdicas. Aunque varias culturas practicaron el cristianismo durante la Edad Media, los nórdicos se mantuvieron fieles a su religión y creencias paganas.

La religión nórdica no era diferente de otras religiones, ya que también se basaba en historias que enseñaban a las personas lecciones morales y les ayudaban a comprender y aprender sobre el mundo que los rodeaba. La mitología nórdica es una colección de historias y cuentos de varios dioses y diosas. Los vikingos encontraron significado en estas historias, ya que les brindaron la sabiduría y la guía que necesitaban para vivir sus vidas. Los vikingos nunca dieron un nombre propio a sus religiones como el cristianismo, el islam, el budismo y otras religiones. Simplemente se referían a ellas como "tradición".

Si hay algo que todas las religiones tienen en común es la creencia en lo divino o en un poder superior. Esto también incluye a la religión nórdica. Tenía sus propios métodos de adoración y conexión con lo divino. Estos métodos pueden parecer extraños e inusuales al principio. Sin embargo, en esencia, eran simplemente búsquedas humanas para ayudar a las personas a encontrar la alegría de estar conectadas con un poder superior y vivir sus vidas en presencia de lo divino. Los vikingos veían su mundo de otra manera. Encontraban que todo, ya fuera su cultura o su naturaleza, era encantador y maravilloso.

Por eso nunca intentaron cambiar las cosas y las dejaban como estaban. Esto no quiere decir que la mitología nórdica pintara el mundo como un lugar perfecto. Por el contrario, sus mitos reconocen que la vida puede ser injusta y estar llena de desgracias y tristezas. La forma en que enfrente estos desafíos y realice buenas obras para un bien superior puede ayudarle a vivir una buena vida y alcanzar el Valhalla.

Valhalla es una antigua palabra nórdica que significa "el salón de los caídos". Es similar a nuestro concepto moderno del cielo. Es el lugar o "salón" en el más allá donde Odín (dios de los muertos y gobernante del Valhalla) alberga las almas de los muertos. Se cree que solo los valientes soldados vikingos que murieron en la batalla pueden ir allí.

Los vikingos no creían solo en un dios. Al igual que los antiguos griegos, romanos y egipcios, creían en varios dioses y asignaban una deidad para todo. Por ejemplo, Odín era el dios de la muerte, Thor era el dios del trueno y Loki era el dios de la travesura. Había alrededor de 66 dioses y diosas en los que creía el pueblo germánico. Como en la mayoría de las religiones similares, también había un dios que servía como jefe de todas las demás deidades, y Odín desempeñaba este papel. Estaba casado con la diosa de la fertilidad, Frigg, quien se convirtió en la diosa principal después de casarse con Odín. Tuvieron hijos gemelos, Hodr y Baldur. Se cree que Odín se casó con otras diosas y también tuvo muchas aventuras con otras diosas y gigantas, lo que resultó en muchos hijos como Thor (el dios del trueno), Heimdall (el vigilante de Asgard, donde residen los dioses nórdicos), Vidar (dios de la venganza), Bragi (dios de la poesía), Hermodr (mensajero de los dioses), Tyr (el más valiente de todos los dioses) y muchos otros. Sin embargo, a diferencia de las películas de Marvel, Loki no era hijo de Odín, en cambio, era compañero de algunos dioses, incluidos Odín y Thor.

Los dioses no eran representados como seres perfectos, pero poseían diversas cualidades humanas, y algunas de ellas no eran precisamente buenas, como en el caso de Loki. Para comprender mejor la mitología nórdica y sus diversas deidades, veamos algunos de sus mitos populares.

El Mito de la Muerte de Baldur

Baldur era hijo de Odín y su esposa, Frigg. Era muy popular, amado y respetado entre todos los dioses. Su popularidad se debía a su generosidad, coraje y personalidad alegre. A todos les encantaba pasar tiempo con él. Baldur comenzó a tener pesadillas en las que algo terrible le sucedía. Muchas culturas antiguas creían que sus sueños tenían significado en aquel entonces. Como resultado, Baldur se volvió cauteloso y recurrió a otros dioses, incluido su padre Odín, para encontrar el significado detrás de estos sueños.

Odín, preocupado por su hijo, se disfrazó y viajó al inframundo para buscar la ayuda de una vidente muerta. Una vidente es una mujer que puede realizar hechicería y predecir el futuro. La vidente que buscaba Odín era conocida por su sabiduría e interpretación de los sueños. A su llegada al inframundo, Odín notó que se estaban realizando decoraciones y preparativos para un banquete. Odín estaba desconcertado y fue a ver a la vidente para preguntarle sobre el motivo de la festividad. La vidente no tenía idea de que estaba hablando con el dios principal y le dijo que la festividad se celebraba en honor de Baldur. Sin embargo, este evento no terminaría felizmente. Ella le informó que Baldur moriría esta noche durante estas festividades. De repente, la vidente se quedó en silencio y se abstuvo de dar más información porque se dio cuenta de que el hombre con el que hablaba no era otro que Odín.

Odín estaba desconsolado por el destino que le sucedería a su hijo, regresó a Asgard y compartió esta información con los otros dioses. Cuando Frigg se enteró del destino que le esperaba a su hijo, decidió hacer todo lo posible para salvarlo. Ella acudió a todas las entidades vivas y no vivas del universo y les hizo jurar no dañar nunca a su hijo. Nada ni nadie podría tocar a Baldur ahora. Incluso cuando otros dioses, en broma, arrojaban piedras a Baldur, él permanecía ileso. Ni las rocas ni nadie ni nada rompía su juramento.

Loki, que prosperaba con el caos y las travesuras, fue a Frigg disfrazado de mujer para averiguar si todas las entidades habían jurado no dañar a Baldur. Frigg le dijo que solo el muérdago no había prestado juramento porque era muy pequeño e inofensivo, y que no creía que pudiera dañar a su hijo. Loki encontró una gran oportunidad para deshacerse de Baldur, de quien estaba celoso. Esto podría haber sido el resultado de la popularidad de Baldur o porque a Loki le gustaba meterse con los dioses y ver a todos sufrir.

El dios de la travesura talló una lanza de muérdago y fue al lugar donde los dioses jugaban con Baldur. Le tiraron cosas para ver qué podía hacerle daño. Hodr, el hermano gemelo de Baldur, era ciego y no podía participar en estos juegos. Loki lo convenció de que debería unirse a la diversión. También fue un honor demostrarle a Baldur lo invencible que era. Loki se ofreció a ayudar a Hodr a lanzar la lanza en la dirección correcta. Sin saber que estaba siendo engañado, Hodr arrojó la lanza de muérdago a su hermano, quien murió en el acto.

Este fue un incidente terrible que dejó a todos los dioses sin palabras. Consideraron la muerte de Baldur como una señal que provocaría el Ragnarok, o el fin del universo. Nana, la esposa de Baldur, no pudo soportar el dolor y murió durante el funeral de su marido y fue enterrada a su lado. Es comprensible que Frigg estuviera desconsolada, pero se recompuso para tratar de encontrar un dios leal y valiente que pudiera viajar al inframundo y encontrarse con la diosa de la muerte, Hel, la hija de Loki. Frigg quería ofrecerle a Hel una recompensa para traer de vuelta a Baldur y su esposa. Hermod, uno de los muchos hijos de Odín, se ofreció a emprender el viaje.

Hermod viajó durante nueve noches hasta llegar al inframundo y encontrarse con Hel. Encontró a Baldur sentado junto a Hel en el asiento de honor. Sin embargo, no era el ser alegre que todos conocían; estaba pálido y abatido. Hermod le rogó a Hel que trajera a su hermano de regreso a la tierra de los vivos. Él le contó cómo todos los seres vivos y los dioses estaban de luto por la muerte de Baldur. Ella le dijo que demostrara que todos estaban de luto por él. Hel le prometió que si todos los seres del universo lloraban por Baldur, ella le devolvería la vida. Sin embargo, Baldur permanecería en el inframundo si una criatura no lo hacía.

Hermod llevó el mensaje y los dioses lo enviaron por todo el cosmos. Todos y todo lloró por Baldur excepto Tokk, la giganta. Quizás lo haya adivinado. Esta no era una verdadera giganta, sino que era Loki disfrazado como tal para evitar que Baldur regresara. Su plan tuvo éxito y la luz de Baldur desapareció para siempre, condenado a pasar la eternidad en el frío y oscuro inframundo.

Lo que hizo Loki no podía quedar impune. Sabía que los dioses estaban enojados y vendrían por él. Escapó y se transformó en un salmón, pero Odín lo encontró e informó a los dioses de su ubicación. Loki era muy inteligente y los dioses lucharon por atraparlo mientras cambiaba de forma y se escondía en el mar. Sin embargo, después de muchos intentos fallidos, Thor logró atrapar a Loki. Los dioses lo ataron a una cueva y dejaron una serpiente encima de él, goteando veneno sobre su rostro. Los gritos de Loki fueron tan fuertes que hicieron temblar la tierra. Permaneció en la cueva hasta el Ragnarok.

El Mito de Ragnarok

Si ve películas de Marvel, probablemente este nombre le suene familiar. Ragnarok apareció en una de las películas de Thor. Aunque la historia fue retratada en un tono ligero, el mito detrás de él es mucho más oscuro. Si las historias de los vikingos fueran capítulos, el mito de Ragnarok debería ser el que cierra el libro, ya que predice el fin del universo. La palabra Ragnarok significa "el destino de los dioses". Los vikingos creían que Ragnarok sucedería en algún momento del futuro.

Un día, las Nornas (seres femeninos que controlaban el destino de los dioses y de la humanidad y que eran incluso más poderosas que todos los dioses, incluido Odín) impondrán un gran invierno. Será diferente a cualquier invierno que el mundo haya visto jamás. Habrá nieve procedente de todas direcciones, viento cortante y frío glacial. Este invierno será más largo que cualquier otro invierno y durará aproximadamente un año donde no se experimentará el calor de la primavera ni el calor del verano. Como resultado, la Tierra perecerá y la gente tendrá dificultades para encontrar comida. No tendrán más remedio que renunciar a su moral y violar la ley para luchar por su supervivencia. Las familias se volverán unas contra otras y utilizarán sus armas en lugar de sus lenguas. Los padres matarán a sus hijos y los hermanos se matarán entre sí.

Skoll y Hati, dos lobos míticos que pasaban su tiempo persiguiendo al sol y a la luna, lograrán su objetivo durante el Ragnarok y devorarán el sol y la luna. Las estrellas también desaparecerán, dejando los cielos y el mundo vacíos y oscuros. El poderoso árbol Yggdrasil que mantiene unido el cosmos temblará y provocará el colapso de todas las montañas y los árboles. Fenrir, un lobo monstruoso e hijo de Loki (a quien los dioses han encadenado), se liberará y causará estragos. Su boca es enorme y correrá devorando todo y a todos a su paso. Su hermano Jormungandr, la serpiente que reside en el fondo del océano, se levantará e inundará la Tierra. Utilizará su veneno para envenenar el aire, la tierra y el agua de la Tierra. Luego viene Naglfar, que es un barco hecho con las uñas de los muertos y cuya tripulación son todos gigantes, y su capitán es el mismísimo dios de las travesuras: Loki. Según el mito, Loki se liberará de su cueva durante el Ragnarok y se unirá a su tripulación en Naglfar. Luego, navegarán y destruirán todo a su paso.

El cielo se abrirá, allanando el camino hacia Muspelheim, un mundo mítico donde residen gigantes hechos de fuego. Su líder tendrá espadas más brillantes que el sol. Él y su gente llegarán a Asgard a través de Bitforst (un puente arcoíris custodiado por Heimdall que conecta con Midgard, el mundo donde reside la humanidad). Los habitantes de Muspelheim destruirán el puente. Heimdall advertirá a los dioses que ha llegado el momento que temían. Los dioses estarán decididos a no caer sin luchar y se prepararán para enfrentarse a los invasores. Sus acciones demuestran extremo coraje y valentía, ya que saben por varias profecías que la batalla no terminará a su favor.

Con la ayuda de los espíritus de todos los soldados del Valhalla, Odín se enfrentará a Fenrir. Odín y sus soldados lucharán con todo lo que tienen, pero, lamentablemente, no serán rival para Fenrir, quien los devorará a todos. Vidar, el hijo de Odín, irá tras Fenrir para vengar a su padre. Llevará un zapato hecho para este mismo momento. Vidar tendrá éxito y matará a Fenrir. Loki y Heimdall lucharán a muerte, ya que ambos dioses se matarán entre sí. Freyr, el dios de la paz y uno de los dioses más queridos de la mitología nórdica, matará al líder de Muspelheim. Thor luchará contra Jormungandr y lo matará con su martillo, pero no antes de escupir su veneno sobre Thor, dejándolo morir momentos después. Lo que sea y quien quede después de esta batalla se hundirá en el mar. El mundo estará vacío como si nunca hubiera estado ocupado por dioses o humanidad. Parafraseando las famosas palabras de T.S. Eliot, así es como termina el mundo, no con una explosión, sino con Ragnarok.

Aunque muchos creyeron que este era el final de este mito, otros creyeron que esto era solo el comienzo. No todos los dioses caerán. Hodr, Vali, Vidar y los hijos de Thor, Modi y Magni, sobrevivirán. Un hombre y una mujer escondidos durante el Ragnarok emergerán y actuarán como Adán y Eva y poblarán el mundo. La hija del sol brillará e iluminará los cielos.

El Mito del Martillo de Thor

Si está interesado en los cómics y las películas de Marvel, probablemente tenga curiosidad por conocer los orígenes del martillo de Thor. Bueno, esta historia comienza nada menos que con Loki. Thor estaba casado con la diosa de la fertilidad, Sif, famosa por su largo y hermoso cabello dorado. Un día, Loki se sintió más travieso que de costumbre y decidió cortarle el pelo a Sif. Thor estaba furioso, capturó a Loki y le dijo que le rompería todos los huesos del cuerpo. Loki le rogó a Thor que le perdonara la vida, y él se ofreció a ir a la casa de los enanos para pedirles que crearan un nuevo cabello para Sif que sería maravilloso y más hermoso que su cabello anterior. Thor accedió a dejar ir a Loki y, por una vez, cumplió su palabra. Convenció a los enanos para que crearan una nueva cabellera para Sif.

Loki decidió quedarse con los enanos y también provocó el caos allí. Los desafió a los dos a crear algo único y mejor que los otros enanos. Incluso apostó su cabeza a que no serían capaces de crear nada especial. Loki se transformó en una mosca y se burlaba de los dos enanos mientras trabajaban. Uno de los enanos, Sindri, creó un martillo, diferente a todo lo que nadie había visto jamás. Una vez lanzado, el martillo siempre daría en el blanco, nunca fallaría y luego volaría de regreso a su dueño. Sin embargo, nada es perfecto y el martillo tenía un defecto: *su mango era demasiado corto.* Sindri llamó al martillo Mjollnir, que significa relámpago.

Loki tomó lo que los dos enanos crearon, incluido el cabello y Mjollnir, y se los dio como regalo a los dioses. Sif recibió el cabello y Thor recibió el Mjollnir. Los dioses apreciaron los regalos, pero le recordaron a Loki que perdió la apuesta y que por lo tanto les debía su cabeza a los enanos. Cuando los enanos vinieron a cobrar, Loki, el dios siempre tan astuto, les dijo que apostaba su cabeza y no su cuello. Los dos enanos decidieron entonces cerrarle la boca a Loki.

El Mito de Odín y las Runas

Ahora llegamos a la leyenda más importante de este capítulo: el descubrimiento de las runas. En la mitología nórdica, las runas se consideran el lenguaje de los dioses. De hecho, no podemos hablar de la mitología nórdica sin mencionar las runas porque jugaron un papel importante en la mitología. Odín siempre había buscado el conocimiento y la sabiduría. Incluso sacrificó sus ojos para beber agua de un pozo que le otorgaría conocimiento de todo. Antes de que el alfabeto latino se utilizara ampliamente, los nórdicos y los germánicos se basaban en letras denominadas runas. Sin embargo, las runas no eran alfabetos como los latinos, sino símbolos. Estos símbolos eran muy poderosos y Odín se mantuvo firme en descubrir sus secretos.

Las Nornas usaron las runas para moldear el destino de los dioses y de la humanidad grabando estos símbolos en Yggdrasil. Odín quería este poder para sí mismo y quería aprender sobre los misterios de las runas. Sin embargo, estos símbolos no se revelaban a nadie a menos que se consideraran dignos de tal poder. Odín, que nunca dudó en hacer un sacrificio por el conocimiento, se colgó de una rama de Yggdrasil y se atravesó con una lanza. Permaneció en esta posición mientras miraba hacia el agua. Dejó claro a todos los dioses que no debían rescatarlo. Después de nueve días, las runas finalmente aceptaron el sacrificio de Odín y comenzaron a revelar sus misterios. Odín comenzó a ver los símbolos de las runas y se le reveló todo el conocimiento detrás de ellas. Este conocimiento convirtió a Odín en uno de los seres más poderosos del universo y le permitió ayudarse a sí mismo y a sus amigos y vencer a sus enemigos.

No es de extrañar que la mitología nórdica sea extremadamente popular hasta el día de hoy. Está lleno de historias fascinantes sobre varios dioses y diosas. Los vikingos humanizaron a sus dioses dándoles fortalezas y debilidades en lugar de crear una imagen perfecta de lo divino. También experimentaron emociones humanas como ira, dolor, pérdida y envidia. Con Ragnarok, la historia de cómo se acaba el mundo, los vikingos describieron a sus dioses como héroes que estaban dispuestos a luchar incluso cuando sabían que perderían y perecerían. Esto es bastante similar a los rasgos de los soldados vikingos, conocidos por ser guerreros valientes y feroces.

Ahora que se ha familiarizado con la mitología nórdica, está listo para descubrir los secretos detrás de las runas.

Capítulo 2: La Historia de las Runas

En el capítulo anterior, discutimos cómo la sed de conocimiento de Odín lo llevó a descubrir los secretos de las runas. Odín, uno de los dioses más poderosos del universo, tuvo que ahorcarse para apaciguar a las Nornas y poder descubrir los misterios de las runas. ¿Era necesario su sacrificio? ¿Son las runas tan importantes? ¿Qué eran exactamente las runas? Estas son todas las preguntas que cubriremos en este capítulo.

¿Qué Son las Runas?

Las runas son un sistema de lectura, pero se consideraban como *mucho más*. Se las consideraba un regalo divino, y de hecho lo eran. Odín se sacrificó para aprender sobre las runas y transmitir su conocimiento a la humanidad. Aunque las runas actuaban como letras que los nórdicos usaban para comunicarse entre sí, eran diferentes de las letras a las que estamos acostumbrados hoy. Una runa es un símbolo pictográfico del poder cosmológico. Cuando escribe una runa, no está simplemente escribiendo una letra o dibujando un símbolo; está invocando el poder detrás de ella. Las runas dieron al pueblo germánico respuestas a las preguntas más complicadas de la vida y les ayudaron a mirar las situaciones desde una perspectiva diferente y más reveladora.

La palabra runa tiene un significado diferente en muchos idiomas. Por ejemplo, en nórdico antiguo significa "misterios", en irlandés antiguo significa "secreto" y en inglés antiguo significa "susurro"; en galés medio significa "encanto mágico", en finlandés significa "canto" o "canción" y en islandés significa "amigo". Antes de que la palabra "runas" se refiriera al alfabeto nórdico, solía significar un "mensaje silencioso". Muchas de estas traducciones son descripciones bastante apropiadas de las runas, ya que, de hecho, eran un lenguaje secreto hasta que Odín descubrió sus secretos.

A diferencia de cómo se escribieron los alfabetos a lo largo de los siglos utilizando tinta y papel, los nórdicos tallaron las runas en superficies duras como madera, metal o piedra.

Los nórdicos y los germánicos creían que las runas eran mágicas. Incluso las grababan en sus joyas, armas y amuletos para darles poder. Por esta razón, no usaban las runas simplemente como un alfabeto normal para escribir y comunicarse. Al igual que Odín, también creían en el poder metafísico detrás de los símbolos de las runas. Los nórdicos aprovecharon este poder para ayudar a comunicarse con el mundo sobrenatural y lo incorporaron en diferentes encantamientos.

Dado que las runas se consideraban divinas y encantadoras, estaban relacionadas con los nombres de varios dioses nórdicos. Por ejemplo, la runa Thurs está asociada con Thor y la runa Tyr está asociada con Tyr, el dios de la guerra.

Cómo el Pueblo Germánico Usaba las Runas

Se cree que los germánicos utilizaron las runas desde el 160 EC. hasta el 1500 EC. En lugar de utilizarlas simplemente para comunicarse entre sí, los vikingos utilizaban los símbolos rúnicos según los poderes que invocaban. Por ejemplo, descubrieron sus secretos y los usaron para predecir el futuro, marcaron las tumbas de sus héroes caídos con los símbolos de las runas y también las usaron para honrar a sus antepasados. También hay inscripciones rúnicas en edificios, ladrillos, paredes de acantilados, artesanías, arte, objetos religiosos, amuletos mágicos y armas.

Las rocas que los vikingos usaban para honrar a sus muertos se llaman piedras rúnicas. Hay miles de piedras rúnicas en Escandinavia y los historiadores estiman que hay más de 3000. Los vikingos necesitaban grandes rocas para conmemorar a sus muertos, ya que a veces les escribían un poema completo. Una de las piedras rúnicas más populares que incluía un poema era la piedra rúnica Kjula, que trataba sobre la caída de un hombre llamado Spear. Durante la era vikinga, las piedras rúnicas se encontraban normalmente cerca de las tumbas. Suelen encontrarse en Dinamarca y Noruega, pero la mayoría se encuentra en Suecia.

Aunque algunas personas creían que las runas podían predecir el futuro, otros creían que podían darles una idea de lo que les deparaba el futuro y ayudarles a encontrar soluciones a sus problemas. Las runas simplemente ofrecían sugerencias de lo que una persona debería hacer en caso de que ocurriera cierto evento. En pocas palabras, le dieron a la gente pistas sobre cómo debían actuar, pero el resto dependía de ellos. Eran libres de tomar sus propias decisiones o dejarse guiar por su intuición.

Los vikingos creían en el libre albedrío, por lo que cuando las runas sugerían algo sobre el futuro, no lo trataban como algo fijo. Creían que podrían cambiar el resultado si tomaban decisiones diferentes. Los nórdicos apreciaban la orientación de las runas, ya que les ayudaba a ver el panorama más amplio en diversas situaciones y les proporcionaba más información para tomar mejores decisiones.

Más tarde, los vikingos comenzaron a utilizar los alfabetos rúnicos para comunicarse. De hecho, durante siglos hemos creído que las runas solo se utilizaban en objetos religiosos y para conmemorar a los muertos. Sin embargo, en la década de 1950, los excavadores descubrieron en Noruega que los vikingos usaban las runas como alfabetos normales para la correspondencia y los negocios. Basta pensar en cómo usamos las letras ahora. Los vikingos usaban las runas con el mismo propósito. Ya sea que escribieran chistes, enviaran cartas de amor, inscribieran oraciones o enviaran mensajes personales, las runas fueron una gran parte de cómo los pueblos germánicos se comunicaban entre sí.

La Historia de las Runas

La fascinación por las runas no es algo nuevo. Desde que aparecieron en el "Señor de los Anillos" de J.R.R. Tolkien, la gente ha sentido curiosidad sobre ellas y sus orígenes. Los germánicos del norte fueron los que crearon los símbolos rúnicos en el año 100 EC. Los historiadores creen que cuando los germánicos atacaron lugares cerca del Mediterráneo, fueron influenciados por el antiguo alfabeto romano. Sin embargo, otros sostienen que fueron influenciados por las letras etruscas.

Cuando se descubrieron las runas por primera vez, solo se utilizaban para inscripciones. Los arqueólogos encontraron inscripciones rúnicas en un peine de Vimose en Dinamarca que creían que se remontaban al año 160 EC. Las runas eran una parte importante de la mitología nórdica, ya que los nórdicos las usaban para conmemorar sus principales eventos históricos, como sus guerras y las historias de sus dioses.

Aunque solo los nórdicos y los germánicos usaban las runas, inscripciones con ellas se encuentran en países como Inglaterra, Grecia, Rusia, Groenlandia y Turquía. Los viajeros vikingos no usaban ningún otro alfabeto, por lo que inscribían las runas dondequiera que iban de viaje o cuando conquistaban un nuevo país.

Los vikingos utilizaron las runas durante más de 3000 años hasta la Edad Media. Para entonces, los alfabetos latinos se estaban apoderando del mundo y el uso de las runas había desaparecido. Sin embargo, como se mencionó, todavía se utilizan en la literatura moderna.

En el siglo XX, los nazis volvieron a utilizar runas. Fueron responsables de sembrar confusión y retratar las runas de forma negativa. Creían que las runas eran el primer alfabeto conocido por el hombre. Sin embargo, esto no era cierto, ya que varias culturas tenían sus propios alfabetos mucho antes de que aparecieran las runas. Las modificaron y empezaron a utilizarlas, lo que provocó la difusión de información errónea en torno a estos símbolos. Por ejemplo, la esvástica, considerada un símbolo sagrado durante la era vikinga, se asoció con los nazis. Por suerte, autores como J.R.R. Tolkien y J.K. Rowling dieron una nueva vida a las runas y despertaron la curiosidad de la gente sobre su origen para que descubrieran que eran símbolos encantadores que no tenían raíces malignas o racistas.

Las Runas en la Literatura

Mencionamos que Odín quería tener el poder de las runas para él solo. De hecho, él siempre buscó el conocimiento y la sabiduría. Sin embargo, también estaba celoso de las Nornas y de cómo podían controlar el destino de todos utilizando el poder y el conocimiento de las runas. La historia de los celos y el sacrificio de Odín se menciona en el poema Hávamál, que se traduce como “Dichos del Altísimo”, en referencia a Odín. Este poema es parte de las Eddas poéticas, que son colecciones de poemas anónimos en nórdico antiguo. Aún así, si no fuera por el sacrificio de Odín, se cree que la humanidad nunca habría podido aprender sobre las runas o su poder y magia. Odín fue quien le dio al mundo el conocimiento de las runas. Sin embargo, sabía lo poderosas que eran, por lo que se guardó algunas de las más poderosas para sí y compartió las demás con la humanidad. Esta es otra prueba de la sabiduría de Odín, ya que sabía que los hombres no podían manejar tal poder, pues, en la mayoría de los casos, los corrompía.

Las runas aparecían mucho en la literatura, especialmente en la poesía. Los nórdicos y los germánicos, como muchas otras culturas antiguas, no registraban sus cuentos por escrito, sino que los transmitían oralmente. Muchos de los poemas rúnicos que nos han llegado fueron escritos después de que el cristianismo se extendiera por Europa, cuando las ideas paganas ya no eran bienvenidas. Por este motivo, las runas pasaron por diversas interpretaciones. Pequeños versos de la literatura nórdica, islandesa e inglesa antigua explican el significado detrás de las runas. Sin embargo, estos versos fueron escritos después de que se perdió la tradición rúnica, razón por la cual algunos de estos poemas parecen contradecirse entre sí y pueden resultar confusos. Además, las runas se utilizaron en varios países escandinavos y creemos que no compartían los mismos significados.

Los Alfabetos Rúnicos en las Culturas Germánicas

Aunque nos referimos a ellos como alfabetos rúnicos, el sistema rúnico se llama runas Futhark. Se eligió este nombre para evitar confusiones. La palabra alfabeto proviene de las palabras "alfa" y "beta", las dos primeras letras del alfabeto griego. A diferencia de los alfabetos que usamos ahora, las runas no comenzaban con las letras A y B, razón por la cual los eruditos optaron por Futhark.

Al igual que la fuerte conexión del alfabeto latino con el cristianismo, la nobleza y los eruditos católicos, las runas Futhark desempeñaron un papel muy importante en la religión nórdica. Se utilizaban en diversos rituales y, hasta el día de hoy, se pueden encontrar inscripciones rúnicas en las paredes de las iglesias. Las runas y su conexión religiosa no deberían sorprender, ya que se consideraban divinas porque provenían de Odín.

Varias letras e inscripciones rúnicas descubiertas nos dieron una idea de cómo vivían la vida cotidiana los germánicos. Por ejemplo, se encontró grabada en un barco la palabra "*litiluismo*" que se traduce como "el hombre sabe poco". Esto puede reflejar la sabiduría de la gente de entonces y cómo eran conscientes de que no lo sabían todo y que aún quedaba mucho por aprender. También se encontró una inscripción en la iglesia Gol Stave en Noruega que dice: "*Kyss á mik, þvíat ek erfiða*", que se traduce como "bésame porque estoy preocupado". Se cree que este dicho se refiere a un santo que fue colgado allí. También había inscripciones rúnicas en varias cosas para declarar la propiedad sobre ellas. Por ejemplo, las mujeres grababan sus nombres y la palabra rúnica que significa "propio" en sus cubetas.

Los vikingos no eran solo guerreros. El amor y el romance también eran parte de su cultura. Los alfabetos rúnicos se utilizaban para enviar mensajes dulces y románticos, aunque utilizando algunos de los métodos más extraños. Por ejemplo, en los huesos de una vaca, estaba grabada la frase "*kyss mik*", que significa "bésame". En otro hueso estaban grabadas las palabras "*Óst min, kyss mik*", que significan "mi amor, bésame". También usaban las letras rúnicas para escribir poemas de amor, generalmente inscritos en varitas rúnicas.

Las letras rúnicas también se utilizaban en los negocios. Los comerciantes a menudo enviaban varitas rúnicas con inscripciones de la mercancía que enviaban a otros comerciantes. Por ejemplo, grababan el nombre del comerciante y agregaban los productos que vendía, como "El comerciante (nombre) le está enviando sal". También hubo grabados y breves inscripciones en joyas, especialmente en las que lucían las mujeres muertas. El significado exacto de estas inscripciones sigue siendo un misterio, ya que son difíciles de traducir. Sin embargo, es posible que hayan sido los nombres de los propietarios de las joyas o de sus creadores.

La palabra escrita siempre ha estado asociada a las noticias y los chismes. Las letras rúnicas no eran diferentes. Se encontraron grabados que indican que los germánicos usaban runas para difundir chismes ociosos. Los vikingos también solían grabar sus armas, pero todavía hay debates sobre el significado de estos grabados. Puede que haya sido los nombres de los propietarios del arma o de su fabricante. También podrían ser las características o los nombres del arma en sí. Por ejemplo, una de las armas tenía grabada la palabra rúnica que significa "negro". Podría ser el nombre del propietario, el fabricante o la descripción del arma. También se encontraron grabados en escudos. Estos grabados indican que los soldados y el platero sabían leer y escribir.

Mucha gente cree erróneamente que los vikingos no sabían leer. Probablemente esto sea el resultado de cómo se los suele representar en películas o programas de televisión: como salvajes a quienes solo les importa luchar o conquistar otros países. Sin embargo, por todo lo que hemos aprendido hasta ahora y por la existencia y popularidad de las runas en la época, es bastante obvio que los vikingos eran todo menos analfabetos. Entendían y utilizaban las runas en su vida cotidiana. La mayor prueba de que podían leer las runas corresponde a las miles de piedras rúnicas que se encontraron en toda Escandinavia. Sin embargo, algunos eruditos creían que los vikingos solo podían leer y comprender las runas en un nivel básico. Los vikingos creían que solo los dioses podían entender la sabiduría que había detrás de ellas.

Aunque los germánicos usaban las runas principalmente en su idioma escandinavo, más tarde comenzaron a usarlas también para escribir en otros idiomas. Se encontraron algunas inscripciones en las que los germánicos usaban las runas para escribir texto en latín, y también hubo un par de ocasiones en las que usaban las runas para escribir en inglés.

Runas en la Magia y Adivinación Nórdicas

Durante la era vikinga, las palabras no eran tan fáciles de pronunciar. No se podía decir una palabra y luego volver sobre ella. Las palabras tenían un poder extremo. La forma en que las personas pronunciaban cada palabra podía influir directamente en sus vidas. Una vez que una frase se pronuncia en voz alta, puede tener un gran impacto en la vida de una persona. Está ahí afuera, en el universo, y ningún poder puede recuperarlo. La realidad no puede influir en las palabras. De hecho, las palabras tienen el poder de crear la realidad. Las palabras son pensamientos. ¿Puede pensar sin usar palabras o lenguaje? Los idiomas influyen en nuestra percepción del mundo que nos rodea. Los vikingos creían que una vez que transformaban sus pensamientos en palabras, podían, hasta cierto punto, alterar la realidad.

Varios lingüistas creen que existe una conexión entre el significado de una palabra y el sonido que emite. En pocas palabras, el sonido lleva el significado de la palabra. Lo mismo se aplica a las runas, donde el sonido de cada palabra está conectado con su significado. Sin embargo, como se mencionó, las runas son símbolos, lo que añade otra capa a esta teoría. También existe una conexión entre la forma de la runa y el sonido que emite.

Por lo tanto, las runas no se usaban solo para comunicarse en el mundo físico. Estos símbolos eran lo suficientemente poderosos como para usarse para comunicarse con seres no humanos y también para llegar al mundo sobrenatural. Por esta razón, se pueden utilizar mientras se realizan hechizos mágicos. Anteriormente mencionamos cómo las Nornas usaban el poder de las runas para alterar el destino de los dioses y la humanidad. La mayoría de la gente usa la magia para cambiar su destino. Quieren hacerse ricos, enamorarse o curar a los enfermos. La magia se trata de reescribir la propia historia para que pueda cambiar el curso de su vida.

Como resultado de su impacto en el destino de cada uno, los germánicos descubrieron que, en esencia, las runas eran mágicas. Dicho esto, los académicos suelen tener debates sobre este tema. Algunos creen que, aunque los símbolos rúnicos se han utilizado en varios hechizos, eso no significa que sean de naturaleza mágica. Sin embargo, los vikingos pueden no estar de acuerdo con la saga de Egil, que describía la vida del clan Egill Skallagrímsson. Un día, Egil, un poeta vikingo, estaba de viaje. Conoció a un granjero vikingo que invitó a Egil a compartir una comida con él. El granjero tenía una hija muy enferma, por lo que le pidió a Egil que le ayudara a encontrarle un remedio. Mientras Egil examinaba a la niña, se encontró con una sorpresa inesperada. En la cama de la niña había un hueso de ballena con inscripciones rúnicas.

Cuando Egil preguntó al padre de la niña sobre el hueso, le dijo que el hijo de otro granjero había grabado estas runas. Dijo que el niño era analfabeto y probablemente no tenía idea de lo que significaban estas inscripciones. Esto era cierto, ya que el niño solo quería que la hija del granjero se enamorara de él. Sin embargo, como no entendía el significado detrás de los símbolos, usó los incorrectos y enfermó a la niña. A diferencia del joven, Egil era un experto. Le dijo al padre que estas inscripciones eran las que enfermaban a su hija. Egil tomó el hueso y lo destruyó con fuego. Escribió una nueva inscripción usando runas diferentes a las que usaba el joven granjero. Esto tenía como objetivo revertir la malicia de las inscripciones de ballena. Las nuevas runas hicieron su magia y la niña se recuperó rápidamente. Esto significa que las runas no solo se usaban para hechizos, sino que los nórdicos creían que los símbolos en sí eran mágicos.

Esta historia demuestra que los nórdicos creían en los poderes mágicos detrás de las runas. Entendían que estos símbolos eran lo suficientemente fuertes como para enfermar gravemente a alguien y ayudarlo a recuperarse fácilmente. No solo usaban el poder mágico de las runas en las inscripciones. Estos símbolos también se utilizaban en diversos hechizos y fórmulas mágicas. Las runas también se usaban para hechizos de protección, para encontrar el amor, para curar a los enfermos y para todo lo demás. Sin embargo, uno debe comprender el significado detrás de cada símbolo rúnico antes de intentar usarlos, o pueden resultar contraproducentes, como hemos aprendido de la historia de la hija del granjero.

Odín también usó la magia rúnica. Tenía una lanza llamada Gungnir, grabada con símbolos rúnicos mágicos, y estos símbolos le daban a Gungnir poderes mágicos. Al igual que el martillo de Thor, Mjölnir, Gungnir también fue creado por enanos y siempre podía alcanzar su objetivo sin fallar.

Los germánicos aprovecharon la relación entre el significado de la runa y su sonido fonético para realizar adivinaciones y poder predecir el futuro. En la mitología nórdica, los practicantes de adivinación podían prever el futuro para poder alterar su destino. Cuando los vikingos adquirieron experiencia en el uso de las runas, utilizaron lo que aprendieron para practicar la adivinación. Entendemos que las runas eran una herramienta vital que los vikingos utilizaban en la adivinación. Sin embargo, no sabemos cómo las usaban, ya que esta información nunca llegó hasta nosotros. El objetivo principal de Odín al compartir las runas con la humanidad era la magia. No tenía ningún interés en que la gente las usara para comunicarse.

Como ya hemos mencionado, algunos creen que las runas no son mágicas. Son letras como todas las demás utilizadas en diferentes idiomas. Sin embargo, igualmente se pueden utilizar en hechizos. De manera similar a cómo usamos nuestro alfabeto para escribir o crear un hechizo, al juntar las runas se pueden crear palabras y hechizos mágicos. Tal como en Harry Potter, donde usaban la palabra "Lumos" para encender la punta de una varita. Las runas se pueden usar para crear un amuleto o un hechizo y grabarlo en un amuleto para proteger a su portador, curarlo o alterar su destino.

Por ejemplo, en Suecia se descubrió la inscripción "runas curativas que corté, runas de ayuda". Este hechizo se utilizaba para tratar y curar a los enfermos, y nunca se especificaba cómo se suponía que debían curarse ni cuáles eran sus funciones. El pueblo germánico creía claramente que las runas eran lo suficientemente poderosas y que, de hecho, podían curar.

Para aprender sobre una cultura, primero debe aprender su idioma. Cuando los arqueólogos descubrieron rocas grabadas, muros, piedras rúnicas, etc., obtuvieron información sobre los vikingos y aprendieron sobre diferentes aspectos de sus vidas. Este estudio nos enseñó sobre la vida de dioses, reyes y campesinos. Las runas y sus poderes mágicos nos hicieron sentir conectados con los pueblos nórdicos, ya que pudimos identificarnos con ellos y sus luchas. Al conocer los hechizos que lanzaban, los nombres de las personas que a menudo grababan para diversos hechizos, o incluso el nombre de los creadores del objeto, ya no leemos sobre personas anónimas. Estamos aprendiendo sobre personas específicas con quienes podemos conectarnos, sentir su dolor y simpatizar con lo que estaban pasando. Las runas no son poderosas solo porque poseen magia y conocimiento. Son un idioma que toda una cultura utilizó durante 3000 años para crear una civilización con cuentos y mitología fascinantes que todavía estamos estudiando hasta el día de hoy.

Ahora que ha aprendido sobre la historia de las runas, está listo para sumergirse y aprender sobre las runas del Futhark antiguo y el significado de cada letra del alfabeto.

Capítulo 3: El Alfabeto Rúnico

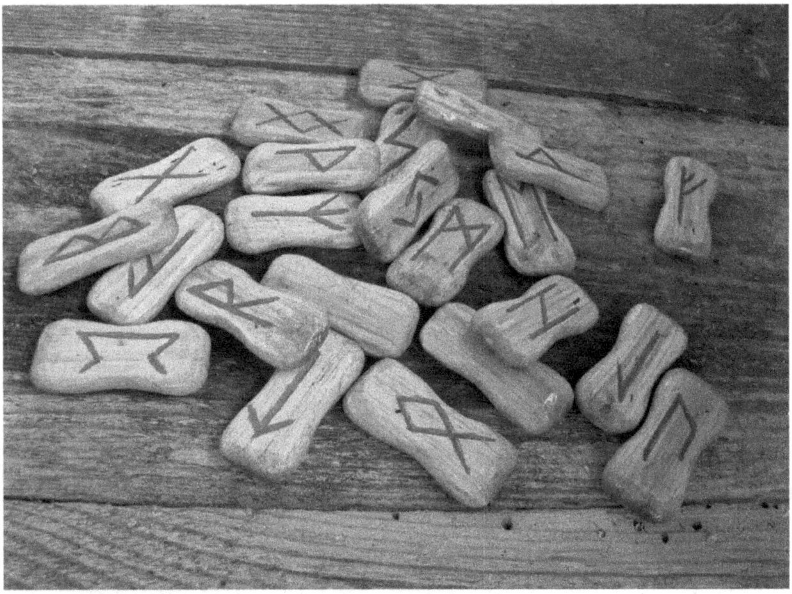

Runas sobre madera[1]

Como ya sabe, Odín descubrió el alfabeto rúnico después de colgarse del Yggdrasil (el Árbol del Mundo) durante nueve días. Después de esto, las runas se volvieron disponibles para la humanidad, comenzando por el norte de Europa. Hay evidencia del alfabeto rúnico en fragmentos de piedra, corteza y hueso encontrados en sitios arqueológicos nórdicos, junto con otros restos de la antigua cultura nórdica. Con este capítulo, tendrá la oportunidad de aprender cómo las runas, el arcaico lenguaje nórdico de símbolos, forman un alfabeto llamado Futhark.

Si bien el alfabeto rúnico rara vez se usa como idioma en los tiempos modernos, aprender a usarlo incluso para traducir textos simples puede ayudarlo a comprender su papel en las adivinaciones, el lanzamiento de hechizos, el trabajo de red y mucho más. Para ayudarle a comenzar su viaje, este capítulo también le brindará consejos sobre cómo practicar la traducción de textos del inglés moderno al Futhark antiguo. Al principio puede parecer complicado, pero después de que aprenda a escribir usando las runas, se dará cuenta de cuánto pueden mejorar su práctica.

¿Qué Es el Alfabeto Rúnico?

El alfabeto rúnico se compone de varias runas que crean un lenguaje escrito cuando se usan juntas. Varios tipos de alfabetos rúnicos quedan de diferentes regiones y períodos a lo largo de la historia. Los que gozaron de un uso generalizado y duradero incluyen:

- El Futhark Antiguo (utilizado entre los siglos II y VIII)
- El Futhark Joven (utilizado entre los siglos VIII y IX)
- El Futhorc Anglosajón (utilizado entre los siglos V y XI)
- El Futhark Medieval (utilizado entre los siglos XII y XV)
- Runas dalecarlianas (utilizadas entre los siglos XVI y XIX)
- Runas Góticas (utilizadas desde una época desconocida hasta el siglo IV)
- Escritura Túrquica (Orkhon) (utilizada entre los siglos VIII y IX)
- Escritura Húngara Antigua (utilizada entre los siglos VIII al XI)

Se cree que el más antiguo de ellos es el Futhark antiguo, de donde proviene el nombre del alfabeto rúnico (Futhark). Aproximadamente entre el 200 y el 800 EC, el alfabeto Futhark antiguo, un conjunto de 24 runas, se utilizó para escribir en toda la región escandinava y otras partes del norte de Europa. "Futhark" es una palabra derivada de las primeras seis letras del alfabeto, que son "Fehu", "Uruz", "Thurisaz", "Ansuz", "Raidho" y "Kenaz". Las 24 letras del Futhark antiguo se dividían en tres grupos llamados ættir. Las primeras runas de cada ættir (Fehu, Hagalaz y Tiwaz) también se llaman Runas Madre porque se cree que son las primeras runas añadidas al alfabeto Futhark antiguo (y todas las demás del grupo) pueden vincularse fonéticamente a ellas. Esta es una información crucial, ya que todo el alfabeto se basa en un sistema fonético en lugar de formas escritas.

Hoy en día, el Futhark antiguo se utiliza normalmente para proporcionar antecedentes para una mejor comprensión del Futhark Joven, el alfabeto de la era vikinga, que fue el sucesor del Futhark antiguo. Hacia finales del siglo VIII, el Futhark se redujo a 16 runas y nació el Futhark Joven. La forma de los símbolos del alfabeto rúnico también ha cambiado. Las letras rúnicas se han vuelto más simples: cada runa tiene solo una marca vertical llamada "pentagrama". A los vikingos les resultó más fácil tallar las letras de su nuevo alfabeto. Podrían pasar rápidamente a asuntos más importantes después de terminar lo que necesitaban escribir. Las runas del alfabeto Futhark Joven están talladas con trazos verticales completos o largos, mientras que el Futhark antiguo a menudo requiere tres o más trazos por runa.

La Lista Completa de Runas del Futhark Antiguo

A diferencia de las letras de los alfabetos modernos, las letras del alfabeto rúnico tienen significados ligados a fuerzas naturales. Y así como la naturaleza atraviesa interminables ciclos de cambio, estas fuerzas universales también cambian y evolucionan con el tiempo. Y aunque el lenguaje rúnico no tiene un uso generalizado hoy en día, el significado de sus letras es tan relevante hoy como lo fue hace miles de años. Esto es lo que significa cada runa en el alfabeto Futhark antiguo en español moderno, junto con su equivalente fonético y su pronunciación moderna.

Fehu

- **Símbolo:** ᚠ
- **Valor Fonético:** F
- **Pronunciación en Español:** "FÉ-hu"
- **Traducción:** Ganado, prosperidad, propiedad, esperanza, felicidad, abundancia, riqueza y ganancia financiera.

Uruz

- **Símbolo:** ᚢ
- **Valor Fonético:** U
- **Pronunciación en Español:** "Ú-ruz"

- **Traducción:** Buey salvaje, cambio inesperado, fuerza vital, indomabilidad, fortaleza, poder y buena salud física y mental.

Thurisaz

- **Símbolo:** ᚦ
- **Valor Fonético:** Th
- **Pronunciación en Español:** "THÚR-i-saz"
- **Traducción:** Gigante, dios del trueno, el relámpago, la espina, la precaución, la fuerza defensiva y la perturbación.

Ansuz

- **Símbolo:** ᚨ
- **Valor Fonético:** A
- **Pronunciación en Español:** "ÁN-suz"
- **Traducción:** Sabiduría, boca, escucha, respiración, profecías, comunicación y Odín y los dioses ancestrales.

Raidho

- **Símbolo:** ᚱ
- **Valor Fonético:** R
- **Pronunciación en Español:** "Ra-ÍD-ho"
- **Traducción:** Viaje, descanso, ritmo, viaje, panorama general, cambio e impulso.

Kenaz

- **Símbolo:** ᚲ
- **Valor Fonético:** C / K
- **Pronunciación en Español:** "KÉN-az"
- **Traducción:** Energía controlada, antorcha, fuego, pasión, luz, creación, faro y transformación.

Gebo

- **Símbolo:** ᚷ
- **Valor Fonético:** G

- **Pronunciación en Español:** "GÉB-o"
- **Traducción:** Gratitud, don, generosidad, intercambio, unidad, acogida, abnegación, perdón y ofrenda.

Wunjo

- **Símbolo:** ᚹ
- **Valor Fonético:** W
- **Pronunciación en Español:** "WÚN-yo"
- **Traducción:** Satisfacción, euforia, plenitud, bienestar, felicidad, autoalineación, armonía y alegría.

Haglaz

- **Símbolo:** ᚺ
- **Valor Fonético:** H
- **Pronunciación en Español:** "HÁ-ga-laz"
- **Traducción:** Granizo, destrucción, dificultades repentinas, cambio violento de naturaleza y tardanza.

Naudiz

- **Símbolo:** ᚾ
- **Valor Fonético:** N
- **Pronunciación en Español:** "NÁUD-iz"
- **Traducción:** Necesidad, angustia, deseo de triunfo, estancamiento y manifestación de cambio.

Isa

- **Símbolo:** ᛁ
- **Valor Fonético:** I
- **Pronunciación en Español:** "Í-sa"
- **Traducción:** Quietud, frío, hielo, invierno, aplazamiento, retraso y pausa forzada ante un nuevo comienzo.

Jera

- **Símbolo:** ᛃ
- **Valor Fonético:** J / Y
- **Pronunciación en Español:** "YÉR-a"
- **Traducción:** Ciclo de la naturaleza, la cosecha, la recompensa al esfuerzo, el movimiento en el tiempo y la cosecha de lo sembrado.

Eihwaz

- **Símbolo:** ᛇ
- **Valor Fonético:** E / I
- **Pronunciación en Español:** "ÉI-waz"
- **Traducción:** Longevidad, sabiduría, muerte, renovación, tejo, vida, sacrificio y atravesar una puerta.

Perthro

- **Símbolo:** ᛈ
- **Valor Fonético:** P
- **Pronunciación en Español:** "PÉR-thro"
- **Traducción:** Misterio, deseos ocultos, destino, adivinación, lanzamiento, secreto y búsqueda del autoconocimiento.

Algiz

- **Símbolo:** ᛉ
- **Valor Fonético:** Z
- **Pronunciación en Español:** "ÁL-giz"
- **Traducción:** Instinto, santuario, alce, suerte, conexión con el yo superior, buen augurio y protección.

Sowilo

- **Símbolo:** ᛊ
- **Valor Fonético:** S

- **Pronunciación en Español:** "So-WÍ-lo"
- **Traducción:** Salud, vitalidad, buena energía, iluminación, poder espiritual, éxito, crecimiento personal y sol.

Tiwaz

- **Símbolo:** ᛏ
- **Valor Fonético:** T
- **Pronunciación en Español:** "TÍ-waz"
- **Traducción:** El Dios Tyr, victoria, valentía, coraje, necesidad de justicia, honor y sacrificio por el bien mayor.

Berkano

- **Símbolo:** ᛒ
- **Valor Fonético:** B
- **Pronunciación en Español:** "BÉR-ka-no"
- **Traducción:** Renacimiento, nuevos comienzos, relación, proyecto, ciclo de vida y abedul.

Ehwaz

- **Símbolo:** ᛖ
- **Valor Fonético:** E
- **Pronunciación en Español:** "É-waz"
- **Traducción:** Lealtad, cooperación, movimiento, progreso, caballo y asociación.

Mannaz

- **Símbolo:** ᛗ
- **Valor Fonético:** M
- **Pronunciación en Español:** "MÁN-naz"
- **Traducción:** Equilibrio, inteligencia, razón, potencial divino, tradición, desarrollo del talento y humanidad.

Laguz

- **Símbolo:** ᛚ
- **Valor Fonético:** L
- **Pronunciación en Español:** "LÁ-gud"
- **Traducción:** Agua, intuición, flujo, limpieza, viaje interior, profundidad de la personalidad.

Ingwaz

- **Símbolo:** ◇
- **Valor Fonético:** Ng
- **Pronunciación en Español:** "ÍNG-waz"
- **Traducción:** Crecimiento interior, sexualidad masculina, energía potencial, líneas familiares, sincronización perfecta, ascendencia y fertilidad.

Dagaz

- **Símbolo:** ᛞ
- **Valor Fonético:** D
- **Pronunciación en Español:** "DÁ-gaz"
- **Traducción:** La luz de los dioses, cambio repentino, despertar, día, iluminación, inspiración y autotransformación.

Othala

- **Símbolo:** ᛟ
- **Valor Fonético:** O
- **Pronunciación en Español:** "Ó-tha-la"
- **Traducción:** Espiritualidad, propiedad ancestral, sabiduría, pertenencia, regreso a casa, comunidad y talento inherente.

¿Cómo Se Compara el Alfabeto Rúnico Con los Idiomas Modernos?

Un alfabeto fonéticamente perfecto tiene un símbolo separado (letra o runa) para cada sonido utilizado en el idioma. Por lo que muestra la evidencia histórica, el alfabeto rúnico Futhark antiguo era así. Sabemos esto porque el alfabeto proto-nórdico se desarrolló después de las runas del Futhark antiguo, y el primero tenía el número exacto de sonidos que el último. Sin embargo, las letras romanas utilizadas en el idioma español o inglés moderno ni siquiera se acercan a este alfabeto fonético ideal. Hay muchos sonidos que no tienen letra propia y se pueden transcribir únicamente a través de letras o combinaciones de letras utilizadas para otros sonidos. Un gran ejemplo de este problema sería usar sh para (ʃ) o ch para (tʃ).

La siguiente tabla ilustra cómo se compara el alfabeto rúnico con los alfabetos modernos del español/inglés, noruego, sueco y danés.

Futhark	**Español/ Inglés**	**Noruego**	**Sueco**	**Danés**
ᚨ	A	A	A	A
ᛒ	B	B	B	B
ᛞ	D	D	D	D
ᛖ	E	E	E	E
ᚠ	F	F	F	F
ᚷ	G	G	G	G
ᚺ	H	H	H	H
ᛁ	I	I	I	I
ᛃ	J/Y	J	J	J
ᚲ	C/K	K	K	K
ᛚ	L	L	L	L

Futhark	Español/ Inglés	Noruego	Sueco	Danés
ᛗ	M	M	M	M
ᚾ	N	N	N	N
ᛟ	O	O	O	O
ᛈ	P	P	P	P
	Q	Q	Q	Q
ᚱ	R	R	R	R
ᛊ	S	S	S	S
ᛏ	T	T	T	T
ᚢ	U	U	U	U
ᚹ	V/W	V	V	V
		W	W	W
		X	X	X
		Y	Y	Y
ᛉ	Z	Z	Z	Z
ᚦ	Th			
ᛇ	E/I			

Futhark	Español/ Inglés	Noruego	Sueco	Danés
ᛜ	Ng			
		Æ		Æ
		Ø		Ø
		Å	Å	Å
			Ä	
			Ö	

El alfabeto rúnico también se compara a menudo con la lengua proto-nórdica, la predecesora de las lenguas nórdicas modernas. Algunos incluso utilizan el proto-nórdico como intermediario para traducir el lenguaje rúnico. Sin embargo, el sistema fonológico (sistema de sonidos) de la lengua proto-nórdica era diferente al del inglés moderno. Por ejemplo, el inglés tiene los sonidos (dʒ), (tʃ), (ʒ) y (ʃ), que no existen en el idioma proto-nórdico. El sistema fonético proto-nórdico no puede equipararse con el alfabeto Futhark antiguo a pesar de que se origina a partir de él.

La escritura anglosajona (la predecesora del idioma inglés moderno) añadió letras al alfabeto rúnico para representar sonidos del inglés antiguo que no aparecían en el Futhark antiguo ni en el joven. Al principio, el Futhark anglosajón tenía 28 letras, frente a las 24 del antiguo, y aproximadamente en el año 900 EC ya tenía 33. Hasta el día de hoy, las lenguas escandinavas son incluso más ricas en sonidos que el inglés. Sin embargo, en lugar de agregar letras al Futhark para representar los nuevos sonidos, el alfabeto rúnico anglosajón comenzó a usar la misma letra para representar más de un sonido. Por ejemplo, empezaron a utilizar una letra para las versiones fonéticas de k y g.

En la práctica, la reducción del Futhark a 16 letras significa que, si no se tiene el contexto del texto, es imposible saber a qué sonido se refiere una determinada runa. Por otro lado, a medida que las runas se volvieron obsoletas, se permitió que los lenguajes se desarrollaran de modo que las runas simplemente se reutilizaban para un sonido diferente.

Escribiendo Palabras Modernas en Runas

Entonces, como ha visto a lo largo de este capítulo, escribir palabras modernas usando el alfabeto rúnico puede ser bastante desafiante. No existe una salida rúnica diseñada para los idiomas contemporáneos, especialmente el inglés moderno. El Futhark antiguo tiene menos runas que el alfabeto romano de 26 letras que se utiliza para escribir el inglés moderno. También tiene muchos menos símbolos equivalentes a los sonidos que usamos hoy.

Si intenta usar las runas del Futhark antiguo fonéticamente, eso sería sustituir las runas por los sonidos que escucha en una palabra. Si bien se suponía que el alfabeto rúnico debía usarse de esta manera, no funcionará con el inglés moderno porque, como se mencionó anteriormente, no hay suficientes runas para todos los sonidos en inglés. Por ejemplo, si quisiera deletrear la palabra "horse" (caballo), su runa equivalente tal como la escuchamos sería ᚺᛟᚱᛊ, que deletrea "*hors*". Por otro lado, si lo escribe como ᚺᛟᚱᛊᛖ, esto cambiará su ortografía en el idioma en ejecución. Un ejemplo aún más complicado es la palabra "knight" (caballero). Según las letras utilizadas en inglés, necesitaría transcribir esta palabra como ᚲᚾᛁᚷᚺᛏ, que, para cualquiera que la lea, no se parecerá en nada a la palabra original. La representación fonética más cercana de esta palabra sería ᚾᚨᛁᛏ, que es muy diferente de la forma en que se escribe la palabra en inglés.

Entonces, la solución más conveniente para transcribir hacia o desde el alfabeto rúnico es mantener la ortografía inglesa moderna. Esto sería mucho más fácil que descubrir cómo combinar runas para las letras s y h para (ʃ) cuando aparecen en palabras como "shame" (vergüenza) o c y h para (tʃ) en "child" (niño). Y definitivamente sería una opción preferible pensar en qué runa usar cuando hay 3 variantes del mismo sonido, como es el caso de (dʒ) en "joy" (alegría), "edge" (borde) y "gin" (Ginebra).

Otra cosa curiosa del lenguaje rúnico es que nunca se repetían las mismas runas una tras otra, aunque así aparecieran en una palabra. Esto se debe a que no había demasiadas palabras así en los antiguos idiomas nórdicos. De hecho, la mayoría de ellas aparecieron junto con la versión inglesa y bajo la influencia de las lenguas latinas. En inglés moderno, por ejemplo, las letras c y k suelen aparecer una tras otra. Dado que la runa para ambas letras es la misma, si quisiera traducir una palabra que contenga ambas, solo usaría una runa en lugar de dos. Esto acorta la palabra, pero puede requerir algo de práctica hasta que aprenda a hacerlo correctamente porque a menudo genera confusión cuando la vuelve a leer.

También está la cuestión de la dirección de escritura. La evidencia preliminar muestra que no había una dirección establecida para la escritura rúnica. Los talladores de runas escribían de izquierda a derecha o de derecha a izquierda, y algunas inscripciones combinaban los dos métodos. Otros incluso utilizaron runas individuales escritas como un reflejo de la dirección principal del manuscrito. A partir de la evidencia arqueológica del siglo XI en adelante, la dirección del lenguaje rúnico parece haberse fijado en la ahora familiar izquierda a derecha. Esto probablemente fue el resultado de la influencia de las lenguas latinas y es la dirección que se utiliza hoy en día para traducir las lenguas modernas a las runas del Futhark antiguo.

Las runas anglosajonas no son adecuadas para escribir en inglés moderno porque no hay letras para algunos sonidos que no existían en el inglés antiguo. Pero puede "hacer trampa" y usar el alfabeto rúnico escandinavo de finales de la Edad Media, que tiene una runa para cada letra del alfabeto latino básico. Puede simplemente sustituir una runa por cada letra de una palabra en inglés sin preocuparse por la pronunciación real de la palabra.

O podría usar runas para escribir inglés moderno, basado en parte en la ortografía moderna en escritura latina, pero también hasta cierto punto en la pronunciación. Por ejemplo, puede usar la runa ng para el sonido "ng" en "sing" (cantar) en lugar de separar las letras y usar las runas para "n" y "g". Normalmente, alguien que quiera escribir inglés moderno usando uno de los Futharks reemplazará las letras inglesas de una palabra con la runa (o combinación de runas) que produce el mismo sonido. Puede ser un poco complicado dependiendo de qué Futhark se use, ya que no existe una correspondencia 1:1 de sonidos con los caracteres, pero generalmente es posible encontrar una manera de hacerlo.

Practicando el Alfabeto Rúnico

Se recomienda tener impreso o escrito todo el alfabeto rúnico y sus equivalentes en inglés en una hoja de papel. Mantenga esta hoja delante de usted siempre que practique, así evitará perder tiempo volviendo atrás y buscando una runa cada vez que olvide a qué letra corresponde. Ya sea que lo imprima o lo escriba a mano, use letras mayúsculas para el inglés, ya que su forma se acerca más al Futhark antiguo que a la cursiva, lo que las hace más fáciles de recordar.

Para evitar confusiones, debería empezar a practicar traduciendo algunas palabras sencillas en inglés. Luego puede probar con oraciones simples. Al dominarlas, podrás avanzar poco a poco hacia textos más complicados. Incluso puede comenzar escribiendo su nombre, comenzando con su nombre y siguiendo con su apellido (y segundo nombre, si lo tiene). Dicho esto, incluso algunos de los nombres simples pueden generar un poco de confusión al leerlos. Si recuerda la regla de evitar la repetición, comprenderá por qué esto puede causar un problema. Por ejemplo, si su nombre es "Jack", lo escribirá como ᛃᚨᚲ y no como ᛃᚨᚲᚲ. Recuerde, cuando usa el alfabeto rúnico, no está escribiendo las palabras, está transcribiendo su pronunciación.

Si su nombre tiene varias repeticiones, es posible que desee comenzar con otra palabra. De cualquier manera, escribir palabras fonéticamente tendrá mucho más sentido para usted, al menos al principio. Aquí tiene algunas frases sencillas con las que puede practicar:

I want to drink water. (Quiero beber agua) - ᛁ·ᚹᚨᚾᛏ·ᛏᛟ·ᛞᚱᛁᚾᚲ·ᚹᚨᛏᛖᚱ

The bird sings, and I listen to it. (El pájaro canta y yo lo escucho) - ᛏᚺᛖ·ᛒᛁᚱᛞ·ᛊᛁᚾᚷᛊ·ᚨᚾᛞ·ᛁ·ᛚᛁᛊᛏᛖᚾ·ᛏᛟ·ᛁᛏ

The air is cold, and the water is frozen. (El aire está frío y el agua está congelada) - ᛏᚺᛖ·ᚨᛁᚱ·ᛁᛊ·cᛟᛚᛞ·ᚨᚾᛞ·ᛏᚺᛖ·ᚹᚨᛏᛖᚱ·ᛁᛊ·ᚠᚱᛟᛉᛖᚾ

Utilice la tabla anterior para encontrar la runa equivalente a las letras, escríbalas y luego verifique si las entendió bien.

Si bien colocar puntos entre las palabras es una práctica debatida, a los principiantes a menudo les resulta más fácil usar los puntos para separar los símbolos. De esta manera, puede asegurarse de dejar suficiente espacio entre las palabras y podrá leerlas más tarde sin confundirse sobre qué runa pertenece a qué palabra. Hablando de lectura, esta práctica siempre debe acompañar su escritura. Cada vez que practique escribir una palabra u oración, también debe practicar leerla. Pase a una palabra diferente solo después de que se sienta seguro al escribir y leer la actual.

Habiendo practicado el uso simple del alfabeto rúnico, puede pasar al uso de runas vinculantes. Las runas de vinculación son dos runas escritas una encima de la otra para formar una nueva. Durante la época en que todavía se usaba el Futhark antiguo, estas runas se usaban para transcribir nombres, de manera muy similar a las iniciales que usamos hoy. Sin embargo, también puede usarlas para potenciar su práctica mágica con una runa que haya diseñado para ese propósito específico. Ya sea que opte por ceñirse a las runas existentes o crear las suyas propias, practicarlas es esencial para aprovechar su energía. Cuanto más se familiarice con cada símbolo escribiéndolo, más fácil le resultará conectarte con su energía.

Capítulo 4: Los Tres Aettir Rúnicos

Después de leer el capítulo anterior, habrá notado que las runas del Futhark antiguo no siguen el mismo orden que las letras del alfabeto romano. Esto se debe a que cada *aett* se construye sobre una base proporcionada por las Runas Madre. Estas fueron las primeras runas de aett, que Odín le dio a la humanidad. Cada runa que les sigue sigue patrones lógicos dictados por la primera. Este capítulo analiza los tres Aettir y sus respectivas runas. Proporcionará información sobre el significado de cada aett y runas, ya que todos ellos forman parte de los ciclos de vida, desde el nacimiento hasta la muerte y el renacimiento. También encontrará un ejercicio de meditación donde podrá conectar con la energía de cada aett enfocándose en las deidades que los gobiernan.

Aett de Freyr

Freyr es el dios nórdico de la fertilidad que gobernó al primer aett. Junto con su diosa Freya, esta deidad representa una unidad en la que prosperan la naturaleza, los parentescos, los matrimonios y todas las demás relaciones. Las runas en este aett hablan de lo que necesita lograr para cumplir su destino. Representan experiencias e interacciones con su yo interior, los demás y lo divino. Traen orden al caos tal como se instauró el orden cuando se creó el universo. El aett de Freyr contiene los símbolos rúnicos más antiguos descubiertos hasta ahora, que indican el comienzo de la vida y el nacimiento de una nueva cultura. Desde simbolizar la supervivencia de este nacimiento hasta la realización de la felicidad, estas runas lo empoderan en todos los aspectos de la vida.

Fehu

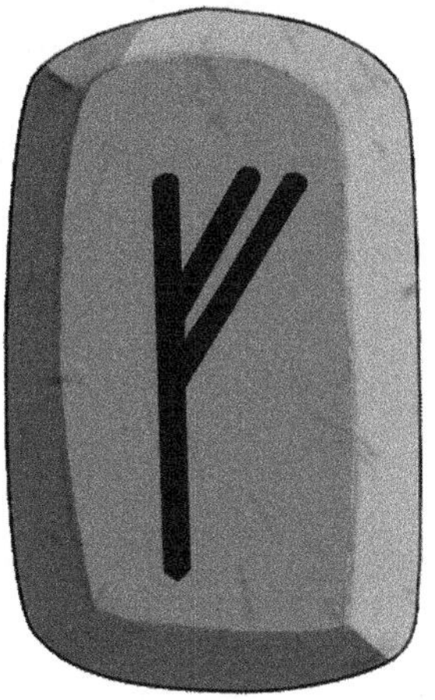

Fehu es un recordatorio del presente[2]

Palabras clave: Prosperidad, preocupaciones físicas y financieras, dinero, metas, karma, promoción, autoestima.

Significado: Fehu es un recordatorio de nuestro presente y el catalizador que despierta el deseo de encontrar lo que hay más allá. Lo conecta a su ubicación física durante viajes espirituales y actos mágicos. También representa encontrar lo que realmente necesita en lugar de lo que cree que desea. Lo más importante es que Fehu muestra que para cambiar su situación financiera actual, primero debe ver qué cambios son posibles para usted en el futuro.

Uruz

Palabras clave: Energía, instinto, vitalidad, sexualidad, salvajismo, irracionalidad, fertilidad, un rito de iniciación.

Significado: Uruz representa el reconocimiento de las fuerzas divinas en la naturaleza. A menudo asociada con el dios de la caza sagrada, la energía de esta runa contiene un poder elemental que proviene del fuego. Uruz señala el cambio de la niñez a la edad adulta y se utiliza a menudo en rituales que celebran esta ocasión. A medida que el alma dentro de un cuerpo madura, se le da una idea de los poderes de la naturaleza.

Thurisaz

Palabras clave: Dificultad, disciplina, dolor, reconocimiento de las emociones internas, conciencia del mundo exterior.

Significado: Thurisaz representa un obstáculo y presagia dolor y sufrimiento. Sin embargo, este sufrimiento es necesario para crecer y convertirse en una versión más fuerte de uno mismo. Lo que puede parecer un duro golpe para su ego puede ser una lección que lo impulse a realizar cambios. Thurisaz le dice que debes permitir que su destino se desarrolle como debe y experimentar lo que la vida tiene para ofrecerle, bueno o malo.

Ansuz

Palabras clave: Liderazgo, chamán, clarividencia, equilibrio de mente, cuerpo y alma, justicia.

Significado: Ansuz, que representa el equilibrio supremo, señala un momento en la vida en el que la mayoría de las personas eligen quedarse. Cuando sus energías están alineadas, tiene una sensación de plenitud y se siente tentado a permanecer en el presente. Sin embargo, Ansuz también señala que aún puede realizar cambios positivos, fortaleciendo aún más su conexión espiritual y emocional consigo mismo y convirtiéndose en quien debe ser.

Raido

Palabras clave: Cambio, destino, viaje, destino, progreso, progreso, lecciones de vida, búsqueda.

Significado: Raido simboliza los hilos entrelazados del destino, representando una red de relaciones. Cada cuerda es un vínculo, y cada vez que una se cruza con otra, se obtienen nuevas conexiones a partir de la anterior. Esto también significa que puede realizar cambios en una relación sin afectar a las demás. Raido demuestra que debe estar al tanto de todas sus conexiones. Podrá realizar cambios y lograr el progreso deseado, pero sus relaciones se verán afectadas.

Kenaz

Palabras clave: Creatividad, perspicacia, solución, inspiración, sabiduría interior, iluminación.

Significado: Kenaz es una runa que brinda la solución obvia al brindarle mensajes sutiles sobre las respuestas que estás buscando. Si bien es posible que no se le revele la respuesta completa de inmediato, esto debería motivarlo a buscar usted mismo las partes que faltan. Kenaz es la antorcha que ilumina el camino que deberá seguir en su viaje y la que elimina la oscuridad que lo rodea.

Gebo

Palabras clave: Regalo, generosidad, buena fortuna repentina, relación, sociedad, amor, matrimonio.

Significado: A menudo conocida como la runa de la conexión, Gebo es la primera runa que lo anima a romper con el camino solitario. Le muestra que prestar atención a aquellos cuyos destinos se cruzan con el suyo puede brindarle una iluminación aún mayor. Fomentar los vínculos con sus seres queridos es uno de los mayores regalos que puede dar y recibir. Fortalece sus relaciones y lo empodera como persona.

Wunjo

Palabras clave: Recompensa, reconocimiento, éxito, logro, satisfacción, plenitud, alegría.

Significado: Como última runa del primer aett, Wunjo representa el final de un ciclo natural y el comienzo de otro. A pesar de la posibilidad de un nuevo comienzo, es posible que se sienta triste porque lo viejo ha terminado, lo que puede dejarlo estancado en su posición actual. Sin embargo, debe darse cuenta de que su vida aún guarda muchas lecciones y debe continuar su viaje. Porque la satisfacción que siente ahora es temporal y, cuando pase, seguirá sintiendo la necesidad de seguir adelante.

Aett de Heimdall

Heimdall es el dios nórdico del silencio y la sabiduría, conocido por enseñar a la humanidad las reglas del universo. También se dice que es un gran guerrero, que a menudo está atento a los trucos maliciosos de Loki y está listo para contrarrestarlos. Las runas del aett de Heimdall le advierten sobre las fuerzas disruptivas que provocan cambios importantes en su vida. Estos pueden cambiar las condiciones estables establecidas por el primer aett, pero aún puede aprovecharlas al máximo. Este aett le ayuda a navegar los aspectos desafiantes de su vida y le recuerda que nada es permanente. Las grandes pruebas que presagia este acto forjarán su carácter, permitiéndole entrar en contacto con su verdadero propósito en la vida. Con su ayuda, aprenderá sobre la importancia de la pérdida y de aceptar la última fase de un ciclo, por muy dolorosa que sea.

Hagalaz

Palabras clave: Cambio drástico, pérdida repentina, desastre, prueba, lección kármica, destrucción, limpieza, prueba.

Significado: Se sabe que Hagalaz es una dura llamada de atención que le muestra que realmente necesita cambiar. De lo contrario, nunca alcanzará la felicidad.

Es un cambio bastante abrupto después de la complacencia de la runa anterior, especialmente si la da por sentada. Si bien a menudo se considera un signo negativo, no necesariamente tiene que serlo. Si elige aceptar la experiencia en lugar de negarse a aprender la lección, puede marcar la diferencia.

Naudhiz

Palabras clave: Penuria, pobreza, responsabilidad, obstáculo, descontento, frustración.

Significado: Quizás para compensar la dura bofetada de Hagalaz, Naudhiz continúa reforzando la necesidad de cambio, pero de forma más sutil. Después de comunicarse con la runa, a menudo surge una sensación de malestar al darse cuenta de que algo no es como debería ser. Naudhiz te muestra que si algo no sale según lo planeado, significa que debe hacer las cosas de manera diferente. Ahora se enfrenta al dilema de cómo restablecer el equilibrio entre lo que desea y lo que realmente necesita.

Isa

Palabras clave: Estancamiento, inactividad, paciencia, bloqueo, potencial, aislamiento, reflexión.

Significado: Así como la calma antes de la tormenta, Isa representa un período de descanso antes de un cambio abrupto. Le anima a tomarse un tiempo para reflexionar sobre lo que quiere lograr y qué tipo de cambios necesita. Le muestra que, aunque siempre habrá obstáculos, adoptar el enfoque correcto es la clave para superarlos. Isa también le permite reunir fuerzas para poder afrontar el cambio cuando suceda.

Jera

Palabras clave: Productividad, movimiento, cambio, ciclo, desarrollo, recompensa.

Significado: Tras el periodo de helada inactividad concedido por Isa llega Jera con la promesa de un nuevo comienzo. Esta runa indica el momento de cambio, crecimiento y desarrollo. Podrá dejar atrás su insatisfacción y disfrutar del nuevo flujo de energía positiva. Puede que su vida no haya resultado como la planeó hasta ahora, pero eso no significa que nunca lo será. Jera le pide que implemente sus nuevos planes y alcance sus sueños.

Eihwaz

Palabras clave: Iniciación, muerte, cambio, transformación.

Significado: Eihwaz marca el punto de inflexión en el viaje de su vida al lanzarlo a la fase de transformación del cambio que tanto necesita. Como símbolo de la muerte, Eihwaz a menudo se ve como una herramienta para el paso a la madurez y la sabiduría. Experimentar estos cambios puede ser una experiencia aterradora para usted, pero darse por vencido no es una opción. Después de todo, todo el mundo debe pasar por un poco de sufrimiento antes de poder cosechar sus recompensas espirituales.

Pertho

Palabras clave: Renacimiento, un nuevo comienzo, fertilidad, misterio, adivinación, sexualidad.

Significado: Después de aceptar el fin de un ciclo y el cambio abrupto que trae consigo el nuevo, Pertho está ahí para guiarlo en el proceso de renacimiento. Según los mitos nórdicos, Pertho es la runa que le permite continuar su camino predestinado a través de los ciclos perpetuos de la vida y todos los altibajos. Usar esto le ayudará a comprender mejor este viaje y a aceptar todos los cambios, ya sean positivos o negativos.

Algiz

Palabras clave: Protección, apoyo, asistencia, advertencia, defensa.

Significado: Después de pasar por un renacimiento, debe afrontar cómo los cambios afectan al mundo que le rodea. Algiz le pide que utilice sabiamente su nueva sabiduría para contemplar cómo sus acciones se reflejan en sus relaciones. Es hora de dejar de centrarse en su propio desarrollo espiritual y ver cómo puede lograr lo mismo. Este es otro punto crucial en la vida en el que debe detenerse y considerar su próximo camino.

Sowilu

Palabras clave: Éxito, poder, energía positiva, salud, fertilidad, acción.

Significado: Como última runa del segundo aett, Sowilu marca la finalización de su viaje espiritual individual. Ahora que ha tenido tiempo de descansar, estará listo para lanzarse a la acción nuevamente. La runa le anima a utilizar la energía que ha acumulado mientras descansa y a seguir adelante incluso si aún no siente la necesidad de hacerlo. Después de comunicarse con esta runa, seguramente sentirá la naturaleza transitoria de su poder actual.

Aett de Tyr

Tyr es el dios nórdico de la guerra, también conocido por su sentido de la justicia y su capacidad para poner orden. Es un campeón atrevido que sacrificó su brazo a Fenrir para que las otras deidades pudieran atrapar al lobo gigante que los amenaza a todos. Las runas en el aett de Tyr representan una conexión espiritual superior, una forma de alcanzar las fuerzas divinas y buscar su guía. Le permiten cruzar esa línea invisible entre los reinos y acercarse a los espíritus divinos. Al mismo tiempo, las runas mantienen las conexiones dentro de las comunidades humanas, evitando que pierda el sentido de humanidad. En cierto modo, estas reglas representan la culminación de todos los conocimientos adquiridos en los dos aettir anteriores. Le permiten cambiar el enfoque de su posición individual y prestar atención a las múltiples dimensiones de sus relaciones, satisfaciendo las leyes de la naturaleza.

Teiwaz

Palabras clave: Responsabilidad, deber, disciplina, abnegación, fuerza, conflicto.

Significado: La primera runa de este aett marca una pérdida necesaria provocada por responsabilidades éticas. Así como Tyr entregó su mano en un gesto noble, Teiwaz indica los sacrificios que deberá hacer por un bien mayor. Puede usar esta runa para aprovechar el poder de su deidad regente y cumplir con sus deberes y responsabilidades hacia aquellos con quienes se encuentre en el viaje de su vida.

Berkana

Berkana representa una persona que aporta energía positiva[8]

Palabras clave: Nuevos comienzos, abundancia, fertilidad, crecimiento, salud.

Significado: Berkana representa el camino de una persona que aporta energía positiva a la vida de quienes le rodean. A menudo asociado con el abedul, este símbolo es el equivalente rúnico de la abundancia espiritual. Le ayuda a sanar viejas heridas y restablecer conexiones frágiles con sus seres queridos. Berkana también simboliza la fertilidad en todos los aspectos de la vida, ya que le llena de energía que puede utilizar para desarrollar muchas ideas creativas.

Ehwaz

Palabras clave: Asistencia, transporte, energía, movimiento, decisiones apresuradas, comunicación.

Significado: Al recordarle que necesita tomar el control, Ehwaz es una runa que promueve el equilibrio entre todos los aspectos de su vida. Después de obtener todo ese poder, no puede simplemente permitir que vague sin rumbo, porque si lo hace, puede terminar lastimando a quienes lo rodean. Para evitar perder el afecto de alguien, debe escuchar la advertencia de Ehwaz y encontrar el equilibrio y el control que necesita para navegar en sus conexiones sociales.

Mannaz

Palabras clave: Familia, relaciones, comunidad, sentido de pertenencia.

Significado: Mannaz es la runa que realmente mejora sus relaciones con su familia y amigos. Le impulsa a formar nuevas relaciones mientras nutre las antiguas, satisfaciendo su necesidad de interacción social. Sin embargo, debe considerar cómo su enfoque de una relación afecta sus otras conexiones. Mannaz le permitirá ver todas las vidas que toca en su viaje, enseñándole a ser más agradecido por todos los vínculos que ha formado.

Laguz

Palabras clave: Miedos, emociones negativas, secretos, intuición, asesoramiento de revelación.

Significado: Laguz es una runa que te hará enfrentar tus miedos más profundos respecto a sus relaciones. Le anima a detenerse y observar las posibles razones por las que no puede lograr un mayor desarrollo espiritual. Estas razones suelen estar en nuestras conexiones con quienes nos rodean, por lo que al pedirle que ayude a los demás, esta runa puede desbloquear el camino hacia una vocación superior. Esto le permitirá desarrollar empatía y compartir sus emociones.

Ingwaz

Palabras clave: Productividad, trabajo, conexión a tierra, equilibrio, abundancia, naturaleza.

Significado: Para quienes anhelan recuperar la conexión con la naturaleza, Ingwaz puede ser una herramienta valiosa. Esta runa le recuerda nuestra conexión con la tierra, algo que se perdió durante las revoluciones industriales. Puede ayudarle a encontrar el equilibrio entre la espiritualidad y tener una vida productiva sin correr el riesgo de perderse en ninguno de estos mundos.

Dagaz

Palabras clave: Felicidad, satisfacción, éxito, actividad positiva.

Significado: Habiendo encontrado el equilibrio entre la vida natural y las interacciones sociales, Dagaz le ayudará a reforzar esta conexión. Actúa como una brújula y, siguiendo sus puntos, podrá encontrar el equilibrio perfecto en su vida. Le recuerda que la armonía es posible, lo que lo llenará de una significativa sensación de satisfacción y felicidad.

Othila

Palabras clave: Hogar, tierra, propiedad, permanencia, pertenencia, legado.

Significado: Othila le recuerda que la riqueza espiritual a la que ahora tiene acceso superará el valor de las riquezas materiales que Fehu le prometió. Mientras que la propiedad física era transitoria y se le recordó su posible pérdida en el segundo aett, su legado espiritual será permanente. Esta runa marca el final de su viaje, donde sabe quién está destinado a ser. Todas las lecciones que aprendió durante sus viajes ahora están listas para integrarse en su vida.

Meditando con las Runas de Cada Aett

Como cualquier otra forma de ejercicio de mindfulness, la meditación rúnica requiere preparación física y mental. La preparación física significa encontrar un ambiente tranquilo donde pueda concentrar su mente y no lo molesten durante un par de minutos. Dependiendo de su práctica y preferencia, también puede implicar limpiar su espacio y su cuerpo de influencias negativas.

Cuando se trata de preparación mental, este suele ser el primer paso de la meditación real, que se realiza de la siguiente manera:

- Póngase en una posición cómoda. Puede sentarse, pararse o acostarse, siempre que su espalda esté recta y pueda relajar el cuerpo.
- Respire profundamente unas cuantas veces para calmar su cuerpo y detener su mente acelerada.
- Cuando sienta que puede concentrarse en su intención, diga una oración rápida a la deidad con la que desea conectarse.
- Si también está haciendo una ofrenda, puede presentarla inmediatamente después de la oración.
- Ahora visualice la runa con la que quiere conectarse. Si se dirige a más de una, hágalo lentamente y tómese su tiempo para concentrarse en la imagen de una antes de pasar a la siguiente.
- Habiendo formado la imagen de una runa, exhale profundamente y recite el nombre de la runa, seguido de la frase que representa su intención.
- Inhale de nuevo, visualice la siguiente runa y cántela dibujándola en su mente y recitando la intención o frase con la que quiere asociarla.
- Si tiene problemas para concentrarse en la imagen de la runa mientras canta su intención, siéntase libre de dejar de recitar y volver a formar la imagen una vez más.
- Continúe hasta que haya terminado con todas las runas con las que desea conectarse.
- Regrese al presente exhalando lentamente y deje que su mente se llene de pensamientos de la vida cotidiana.

Asegúrese de que los pensamientos que dirige a las runas y a las deidades que gobiernan el aett al que pertenecen sean sinceros, positivos y decididos. Puede expresar su gratitud, buscar orientación o echar un vistazo al futuro, pero solo si sus intenciones son profundas. Puede meditar con más de una runa durante una sesión, pero manténgase en la misma familia. Si busca orientación de más de una deidad, puede hacerlo dedicándoles una sesión rápida en días separados. Por ejemplo, puede dirigirse a Frey el viernes, a Tyr el martes, a Heimdall el miércoles, etc.

Dado que los pensamientos asociados con las runas deberían ser importantes para usted, es una buena idea que los formule usted mismo. Dependiendo de dónde se encuentre actualmente en el viaje de su vida y el tipo de orientación que necesite, estos pensamientos pueden abordar problemas inmediatos o incluso objetivos a largo plazo. A continuación, se muestran algunos ejemplos de lo que puede decir cuando se concentra en una sesión:

- **Fehu:** Sé que la riqueza es poder y protegeré mi riqueza.
- **Thurisaz:** Si desarrollo mi propia fuerza, sé que mi poder nunca me fallará.
- **Hagalaz:** El granizo de Heimdall es puro y lavará todo lo malo, revelando lo bueno.
- **Jera:** Mis logros serán proporcionales a mis esfuerzos. Cuanto más trabajo haga, más recompensas obtendré.
- **Tiwaz:** Para ser feliz y exitoso, debo cumplir con el orden y la disciplina.
- **Ingwaz:** La clave del éxito es planificar y retener mi poder para poder liberarlo en el mejor momento posible.

Capítulo 5: La Magia de las Runas y los Pentagramas

Históricamente, las runas se utilizaban tanto para escribir como para hacer magia. Parece haber un poder específico asociado con cada runa. Cuando se combinaban en pentagramas mágicos o se usaban junto con hechizos, las runas se usaban como herramientas para propósitos mágicos específicos, incluida la transformación espiritual y el crecimiento personal.

Pero, ¿qué tienen las runas del Futhark antiguo que les hacen tener este tipo de poder místico?

A continuación, exploraremos la historia de las runas y por qué están asociadas con la magia. Luego aprenderás sobre las propiedades mágicas de cada runa y cómo se pueden combinar para crear tus propios hechizos y amuletos.

Una Breve Fuente Historial de las Runas Mágicas

Las inscripciones rúnicas se pueden encontrar a lo largo de la historia. No existe una narrativa lineal definida de las runas como objetos mágicos. Más bien, la evidencia está dispersa a lo largo de una línea de tiempo indefinida. Esta narrativa contiene inscripciones de referencias históricas, literatura y tallas misteriosas como amuletos y frases mágicas.

Literatura Histórica sobre Runas Mágicas

La Edda poética es una colección sin título de poesía narrativa en nórdico antiguo que se encuentra en el Codex Regius escrito a finales del siglo XII. Contiene numerosas fuentes de magia rúnica. Una de las mejores fuentes es el Sigrdrífumál, un poema que contiene versos que detallan cómo una Valquiria bendijo a un héroe con el conocimiento de las runas. Entre las otras obras de esta colección, hay poemas y estrofas sobre runas que cuentan cómo se usan en los hechizos que se enseñan entre los personajes mencionados. Se habla de lanzar un hechizo de encanto con la "runa de la alegría" y otros nombres de runas. En todos los casos, las runas se utilizan para magia real y hechizos para mejorar habilidades.

Además de en la literatura, las runas también aparecen en numerosos mitos nórdicos. Entre ellos, al mito nórdico de Odín y el Árbol del Mundo se le atribuye haber inspirado el sistema rúnico del Futhark antiguo. Una descripción de esto se puede encontrar en el Hávamàl de la Edda Poética. La historia de Odín y Loki creando una lanza mágica con la ayuda de runas para que nunca erre su objetivo es una de las más famosas.

Evidencia Histórica de Runas Mágicas

Durante las Edades del Hierro romana y germánica se descubrieron inscripciones protectoras y palabras rúnicas "alu". Talladas en lanzas, astas e incluso huesos, estas inscripciones parecen haber sido proliferadas por un Erilaz, traducido como "maestro de runas" o "mago".

También se ha documentado que se hacían hechizos y encantamientos utilizando runas ya en el año 98 EC. El político e historiador romano Publius Cornelio Tácito, ampliamente considerado como uno de los más grandes historiadores romanos por los eruditos modernos, describió los métodos mágicos y su estricto cumplimiento. Mencionó lo que parece ser un hechizo utilizando signos junto con objetos naturales como corteza de árbol y tela blanca. Luego describió la cuidadosa inspección y reverencia de estos signos. Esta práctica parece estar muy extendida entre la comunidad, con la asistencia de familiares y el sacerdote estatal. Si bien el término "signos" es a menudo discutido, generalmente se acepta que se refiere a la documentación escrita de runas mágicas en la práctica.

Evidencia Histórica del Propósito Mágico de las Runas

El Anillo Kingmoor, entre otros, lleva inscripciones rúnicas de aparente significado mágico. Y dos piedras rúnicas en Suecia contienen la frase "runas de poder" inscrita en ellas.

La piedra Glavendrup es una piedra rúnica encontrada en Dinamarca y data de principios del siglo X. Contiene una inscripción de advertencia sobre una maldición tallada en la piedra.

¿Qué Hace que las Runas Sean Mágicas?

Ahora que conocemos algunas de las referencias históricas a las propiedades mágicas de las runas, veamos *cómo* se usaban.

Habiendo analizado la historia de las runas en capítulos anteriores, sabemos que forman el alfabeto Futhark antiguo, una secuencia de 24 letras que significa "secreto" o "misterio" en el idioma gótico. Los pueblos germánicos del norte de Europa las utilizaban para adivinación, magia y como poderosos talismanes y amuletos protectores en la antigüedad.

Los nórdicos y otros pueblos del norte de Europa no usaban las letras rúnicas para la comunicación y el comercio. En cambio, marcaban tumbas, honraban a sus antepasados y predecían el futuro con ellas. Representaban grandes misterios, moralidad y adivinación. Se pensaba que las piedras rúnicas emanaban poderosas propiedades mágicas y eran muy veneradas debido a su narrativa histórica, por lo que se tomaban muy en serio.

Además de servir como símbolo de las condiciones cósmicas y de reverencia por los poderes superiores, las runas también tenían un propósito ritual. Las runas influyeron en todos los aspectos de la vida, desde lo sagrado hasta lo práctico. La salud y el amor estaban controlados por hechizos y runas, al igual que los cultivos, el mar y el clima. Había runas para la muerte y el nacimiento, la fertilidad y hechizos para poner fin a las maldiciones. Decoraban casas para mantenerlas seguras y barcos vikingos para protegerlas y fortalecerlas. También se grababan runas en armas, platos de comida y joyas.

Runas del Futhark Antiguo: Significado Mágico

A continuación, se muestra una lista de referencia rápida de significados mágicos y adivinatorios. Esta lista no es exhaustiva y algunos significados se superponen.

Runa		Usos Mágicos
ᛟ	OTHALA / O	Influencia sobre posesiones, herencia, experiencia, ascendencia, patrimonio y valor.
ᛚ	LAGUZ / L	Estabiliza las emociones y la agitación, mejora las habilidades psíquicas, descubre la verdad y enfrenta los miedos.
ᛖ	EHWAZ / E	Energía, poder, confianza, progreso, comunicación, progreso, cambio, transporte.
ᛏ	TIWAZ / T	Victoria, protección, reforzar voluntad, fuerza, curar una herida, análisis.
ᛉ	ALGIZ / Z	Canaliza energía, un escudo, Protección, amparo contra el mal, guardián.
ᛇ	EIHWAZ / E / I	Para facilitar una transición de vida, defensa, transformación, protección, provocar cambio.
ᛁ	ISA / I	Refuerzo de otras magias, hielo, obstáculos, bloqueos, congelamiento y reflexión.
ᚺ	HAGALAZ / H	Destructiva, clima peligroso, ruptura de patrones destructivos, la ira de la naturaleza, fuerzas incontroladas.

Runa		Usos Mágicos
ᚷ	GEBO / G	Equilibrio, suerte, fertilidad, asociación exitosa, generosidad.
ᚱ	RAIDHO / R	Genera cambio, protege a los viajeros, ritmo, facilita el cambio y la reconexión.
ᚦ	THURISAZ / TH	Se concentra en deshacerse de lo negativo, la regeneración, la concentración y la autodisciplina.
ᚠ	FEHU / F	Alcanza metas, suerte, nuevos comienzos, abundancia, éxito, suerte.
ᛞ	DAGAZ / D	Claridad, positividad, despertar, conciencia, transformación.
ᛝ	INGWAZ / NG	Fuerza, crecimiento, salud, equilibrio, conexión a tierra, conexión.
ᛗ	MANNAZ / M	Orden en la vida, inteligencia, pensamiento, habilidad, destreza, crear.
ᛒ	BERKANA / B	Empezar de nuevo, aliento, deseo, sanación, regeneración, liberación.
ᛊ	SOWILO / S	Fuerza cósmica, energía, curación, fuerza, limpieza, éxito.

Runa	Usos Mágicos
ᛈ PERTHRO / P	Conocimiento de secretos, fertilidad, potenciar el yo y los poderes, controlar la incertidumbre.
ᛃ JERA / J/ Y	Fructificar, eliminar el estancamiento, crecer, cosechar, crear cambio.
ᚾ NAUTHIZ / N	Supervivencia, frustración, resistencia, obstáculos, determinación.
ᚹ WUNJO / W	Felicidad, armonía, alegría, prosperidad, éxito, motivación.
ᚲ KENAZ / C/ K	Luz, motivación, regeneración, inspiración, regeneración.
ᚨ ANSUZ / A	Liderazgo, comunicación, sabiduría, señales, salud.
ᚢ URUZ / U	Comprensión, fuerza, velocidad, energía, coraje, dedicación, vitalidad.

No importa el nivel de conocimiento que tenga del alfabeto Futhark antiguo o en qué punto de su proceso de aprendizaje se encuentre, siempre es útil tener una guía con cada nombre de runa y significado mágico.

¿Cómo Se Usan las Runas en los Hechizos?

Técnicamente hablando, no hay manera de saber cómo nuestros ancestros lanzaban hechizos con runas. Sin embargo, existe cierta evidencia de hechizos a través del habla, el canto y la escritura.

Generalmente hay dos formas de lanzar hechizos con runas. La primera es escribirlo y colocarlo con las runas sobre una tela, tapete o cuenco, conocido como talismán. Luego, el talismán transmite su poder a su escritura. La segunda es lanzar el hechizo mediante el habla o el canto, conocidos como encantamientos. En su libro "Futhark: La Magia De Las Runas", Edred Thorsson ideó un canto específico para cada runa para crear un mantra. Pero puede hacerlo como quiera.

¿Cómo se Pueden Utilizar las Runas para Realizar Magia?

Las runas también pueden usarse para realizar adivinación. Ayudan a manifestar la intención en la manifestación física al interactuar con energías internas y externas.

Al colocar tus runas en su objeto y escribirlas o tallarlas, se coloca un fluido sobre ellas. Los fluidos corporales más comunes son la sangre o la saliva. Las runas suelen teñirse de rojo con alcohol o tinte rojo (simbolismo de la sangre). Luego, se puede usar el nombre de la runa o un encantamiento corto de su elección. Es posible que sea necesario llevar a cabo o colocar un hechizo cerca del objetivo del hechizo, dependiendo de dónde ejercerá su influencia.

Combine Runas para Crear Poderosos Encantamientos

Según la literatura islandesa, entre los siglos XV y XIX se encontraron amuletos y duelas mágicos. Las duelas se crean cuando se combinan símbolos de runas para crear un efecto mágico aún más poderoso. Eran tallados en piedra, madera o papel y transportados o colocados en la granja o en los barcos para su protección. La conexión de un individuo con la runa se fortalece cuando las runas se tallan manualmente.

Los vikingos creían que, cuando se usaban correctamente, las runas podían manifestar ideas.

Duela Vikinga Vegvísir

Entre las duelas más populares se encuentra la vikinga Vegvísir. Una duela mágica está destinada a guiar a su portador en condiciones climáticas adversas. Geir Vigfusson compiló un mapa que representa un Vegvísir, que significa "aquello que muestra el camino", en el siglo XIX. En lugar del símbolo redondo que se utiliza hoy en día, el Manuscrito Huld utiliza un símbolo cuadrado con ocho duelas, cada una de las cuales termina con un símbolo diferente. Algunos especulan que cada símbolo rúnico representa un punto de dirección, similar a una brújula.

La Duela del Yelmo del Terror

La duela del Yelmo del Temor es uno de los símbolos islandeses más reconocibles y se dice que brinda protección y fuerza en la batalla a cualquiera que lo use.

Existe una fuerte conexión entre el Yelmo del Terror y las runas porque algunas de las formas de la duela son similares a las runas. Es muy poco probable que esta correspondencia fuera solo una coincidencia, dado lo centrales que eran las runas para la magia germánica. La duela usaba varios símbolos rúnicos, incluida la runa Algiz (Z). Teniendo en cuenta que se trata de una runa de fuerza y protección, tiene sentido que se utilice en su duela. También utiliza la runa Isa (I), que significa bloqueo de obstáculos.

Hechizos Rúnicos

No solo era posible utilizar runas para la adivinación, sino que también se utilizaban para obtener los resultados deseados. En tiempos de deseo, la gente dibujaba o tallaba en madera y piedra símbolos correspondientes a caracteres rúnicos y los mantenía consigo en todo momento como recordatorio de sus anhelos y deseos. Los deseos que se hacían realidad debido a hechizos rúnicos eran incinerados en llamas una vez que los encantamientos funcionaban.

Puede resultar un poco confuso descubrir cómo realizar hechizos cuando recién está comenzando con la Magia Rúnica. Aquí tiene un hechizo sencillo para principiantes, paso a paso.

Cómo Realizar un Hechizo con Runas

Estudiar las runas y comprender primero sus significados es el paso más crítico en este proceso. El hechizo final podría tener un resultado diferente que podría afectar su propósito general, por lo que debe tener cuidado con las runas que mezcla.

En consecuencia, no deje que esta perspectiva lo desanime. ¡Practicar tanto como sea posible es la mejor manera de aprender! Eche un vistazo a algunos de los hechizos que otros están haciendo y analícelos hasta que adquiera más conocimientos sobre cómo hacer hechizos.

1. Esto se trata de lo que quiere lograr con este hechizo. Utilice el cuadro anterior que describe cada runa y sus propiedades mágicas.
2. Después de haber mirado las runas, tómese un tiempo para visualizar lo que quiere de este hechizo. ¿Quiere ser feliz y prosperar? Imagínese en una serena pradera de girasoles dorados.
3. Para hacer que su hechizo sea realmente poderoso, debe considerar cuidadosamente las runas. Piense en el significado y simbolismo detrás de cada una de las runas. Es posible que descubra que una o dos aparecen sin previo aviso, como si lo estuvieran esperando.
4. Para empezar, elija solo 2 runas. No querrá complicar demasiado las cosas cuando recién está comenzando. Tómese las cosas con calma hasta que las domine. También es buena idea tener especial cuidado al combinar las runas. Trabajar con runas no es tan sencillo como parece y algunas de ellas tienen significados diferentes de lo que piensa. Asegúrese de investigar mucho sobre la historia de cada runa para seleccionar la adecuada para su propósito.
5. Crear su diseño es ahora el siguiente paso. Estamos buscando vincular las unir de este hechizo para crear un efecto extra poderoso. Necesitará algo de papel y un bolígrafo. No piense demasiado en este paso. Deje que sus pensamientos se suelten y déjese llevar por la corriente. Cuanto menos tiempo pase pensando en ello, más surgirá su deseo interior. Comience a dibujar tantas uniones de símbolos como desee. Siéntase libre de dejar volar su imaginación y dibujar lo que se le ocurra.
6. Deje que el dibujo se asiente durante unos minutos una vez que lo haya completado.
7. Ahora, eche un vistazo a sus dibujos y elija el que le llame la atención, el que parezca salir de la página.

8. Luego, elija cualquier material para unir las runas. Si está lanzando un hechizo con un propósito propio, tendrá que llevarlo consigo. Por lo tanto, elija algo práctico como piedra, tela o madera, o conviértalo en una decoración, enmárquelo y cuélguelo en la pared de su dormitorio. Si el hechizo es solo por un corto tiempo, entonces una hoja de papel generalmente será suficiente.
9. Ahora es el momento de crear el ritual. Sabe lo que quiere para crear su hechizo, ha elegido las runas para realizarlo y además tiene sus materiales listos y esperando. Ahora, cargue su encantamiento con energía y poder.
10. Realice el siguiente paso de la forma que desee. A algunas personas les gusta encender velas y entrar en un trance meditativo o en algún lugar tranquilo lejos del mundo exterior. Mientras dibuja o talla su runa, es vital que tenga su propósito en mente.
11. Lo más importante es permanecer en el presente y en el momento, sin perder la noción de la tarea que tenemos entre manos, y labrar una a una cada una de las runas de la runa vinculante hasta haber completado el diseño final de la runa. Tómese un momento para pensar cuál es el significado de cada runa y cómo le ayudará.
12. A algunas personas les gusta tomarse un momento después para absorber realmente el evento. Nuevamente, siempre sea consciente del propósito de su hechizo y de lo que quiere lograr con él. Después de todo, la manifestación de los deseos es uno de los conceptos principales de las runas. Asegúrese de permanecer en sus pensamientos mientras sostiene el amuleto con fuerza en sus manos.

¡Bien hecho! Ya ha creado su primera unión de runas y es hora de usarla. Recordar la magia de las runas no es tan difícil como cree. Todo lo que tiene que hacer para asegurarse de que funcione es mantenerla encima o alrededor de usted hasta que haga su trabajo. Guárdela en su bolso cuando vaya a trabajar. Además, si usa más de un bolso, por ejemplo, en el gimnasio, asegúrese de cambiar el encantamiento de bolso. Colóquelo en algún lugar donde no lo olvide, como en su dormitorio.

Para mantener la intención del hechizo, manténgalo consigo en todo momento.

Puede deshacerse de su runa vinculante tan pronto como logre su objetivo. Naturalmente, esto depende de la fuente vinculante que usó durante el hechizo. Si usó madera o piedra, está perfectamente bien que la entierre. Un amuleto se puede enterrar en un lugar que tenga un significado especial para algunas personas. Si usa papel, simplemente puede quemarlo dejándolo caer sobre una llama abierta o encendiéndolo con una vela.

Originalmente, las runas fueron diseñadas para usarse como letras en un idioma. Sin embargo, eran mucho más que letras. Al escribir o grabar un símbolo rúnico, se invocaba y dirigía la fuerza representada por él. Las runas simbolizan un intercambio significativo entre nosotros y el mundo invisible. Representan una historia poderosa que une a las personas con la naturaleza y el universo.

Capítulo 6: Creando y Activando sus Runas

Ya hemos explicado la historia de las propiedades mágicas de las runas del Futhark antiguo y cómo eran utilizadas como una antigua forma de profecía por quienes buscaban consejo.

Ahora, discutiremos los métodos de activación en relación con su encantamiento a través de técnicas de carga y meditación. Si quiere que sus runas le hablen, es necesario activarlas. Luego veremos cómo puede crear su propio conjunto de adivinación y cómo activarlo.

La runa debe estar activada para que funcione[4]

Activando su Encantamiento Rúnico

Si siguió la guía para hacer su propio encantamiento rúnico en el capítulo 5, ahora profundizaremos un poco más en cómo *activarlo*. Saber cómo activar su runa para diversos propósitos es una gran habilidad. También es divertido aprender todas las diferentes técnicas que podrá agregar a su arsenal de adivinación.

Le proporcionaremos dos técnicas de activación. La primera se basará en una técnica de meditación que utiliza el poder de la Estrella Polar, también conocida como Ojo de Odín. La otra técnica de activación involucrará las propiedades de Galdr y la antigua forma de canto mágico.

Activación del Ojo de Odín

Espolvoree sal sobre su amuleto antes de cargarlo y déjela toda la noche. La sal actúa como herramienta de limpieza y también ofrece poderes protectores.

Herramientas:

- Amuleto rúnico
- Humo de hierbas/velas
- Brújula
- Mantel blanco
- Habitación tranquila
- Mesa
- Incienso

Instrucciones:

1. Encuentre un lugar tranquilo en su casa.
2. Cubra la mesa con su mantel.
3. En el centro de la mesa coloque las hierbas o la vela y el incienso.
4. Coloque su amuleto al lado de ellas.
5. Imagine que su amuleto es la esencia de la vida y que su esencia está destinada a crear una vida más rica y plena para usted. Luego, dedique unos minutos a reflexionar sobre el significado de su amuleto.
6. Usando la brújula, ubique el norte y colóquese usted y la mesa mirando hacia él.

7. Manteniendo los ojos cerrados, coloque el amuleto en la palma de sus manos o coloque las palmas de las manos sobre el amuleto.
8. Póngase en un estado meditativo e imagine que el brillo de la Estrella del Norte le atrae mientras medita. A medida que se acerque y la luz se vuelva más brillante, regrese con la luz a través del cielo nocturno hasta su habitación. Sienta el poder de la estrella fluyendo a través de usted mientras centra su energía en su cuerpo y mente.
9. Sostenga el amuleto hacia el norte, pensando profundamente en la intención del amuleto. Imagine la energía de Odín y la energía de la estrella asentándose en el amuleto.

Su amuleto ahora está activado.

Activación de Galdr

Tome nota de los nombres de las runas que usó en su amuleto. Tomaremos las primeras dos o tres letras de las runas y las combinaremos para hacer su canto Galdr. Por ejemplo, si usó el hechizo Ansuz (A) y Dagaz (D) para unir los dos elementos mágicos, entonces su canto podría ser "An-Dag", "Dag-An", Ans-Da", Da-Ans", "Ans-Dag" o "Dag-Ans". Cualquier combinación que elija será tan efectiva como cualquier otra.

Luego, cuando quiera activar su amuleto rúnico, puede sentarse y cantar este Galdr mientras lo usa en su ritual.

¿Para qué se Pueden Usar las Runas?

¿Sabía que las runas se pueden usar para otras cosas además de crear amuletos y lanzar hechizos? También se pueden utilizar en el arte de la adivinación. Primero, pregúntese por qué quiere crear su propio conjunto de runas. Las runas pueden proporcionar orientación e información sobre cómo pueden resultar las cosas. No actúan como una herramienta de adivinación per se, ni pueden ofrecerle consejos o respuestas sólidas. Pueden ofrecerle información sobre su situación particular, lo que, a su vez, puede proporcionarle una conciencia reaccionaria correcta.

Los lectores de runas reconocen que el futuro no está predeterminado y que los individuos pueden tomar sus propias decisiones. Debido a esto, es más que bienvenido a cambiar la dirección si no le gusta lo que obtiene de la lectura de una runa.

Hay muchas situaciones en las que se pueden utilizar runas. Consultar las runas puede resultar útil cuando tiene información limitada o no puede ver el panorama completo.

¿Cómo Funciona la Adivinación de Runas?

¿Recuerda cuando se mostró cómo lanzar su primer hechizo en el capítulo 5? Durante todo el proceso, enfatizamos la importancia de tener su objetivo en mente. Esto se debe a que las runas se centran en su mente consciente y subconsciente cuando hace una pregunta o piensa en un tema. Una runa no es completamente aleatoria cuando se lanza frente a usted, sino más bien una elección hecha por su subconsciente.

Es común utilizar runas para la adivinación. La mayoría de los usuarios de hoy en día las utilizan para buscar respuestas o incluso lograr el éxito. En la mayoría de los aspectos, las runas contemporáneas se diferencian de las del Futhark antiguo en que están mucho más relacionadas con cuestiones del siglo XXI como la paz interior y la oración. Aún podrá interpretar sus runas fácilmente, aunque posean las mismas cualidades que las utilizadas en la antigüedad.

¿Qué Tipo de Runas Necesito para la Adivinación?

Se pueden utilizar varios materiales para crear runas, como piedra, madera, arcilla, metal, guijarros, huesos y cristales. Si recién está comenzando y está tratando de descubrir si le gusta lanzar runas, entonces un simple conjunto de runas será más que suficiente.

Sin embargo, una vez que haya practicado durante un tiempo y haya desarrollado una pasión por las runas, probablemente querrás tener un *conjunto de adivinación* compuesto por cuarzo o cristales. Este tipo de conjuntos se pueden comprar y generalmente vienen con un folleto de instrucciones sobre cómo usarlos e interpretarlos.

Pero, si la historia y el origen de las runas le resonaron, probablemente comprenderá la importancia de crear sus propias runas y su conjunto de adivinación. Esto no solo le ayudará a comprender mejor el concepto de runas, sino que también lo acercará a ellas. Si están talladas con cuidado y atención, se formarán como parte de usted. Por lo tanto, será más probable que comprendan su energía y brinden una visión más personal de sus preguntas y problemas. No importa cuál sea el material, lo que más importa es la forma en que usas las runas, no cómo se ven.

Conjunto de Adivinación de Runas

Solo un comentario rápido sobre la cantidad de runas que necesitas crear. Un alfabeto rúnico consta de 24 letras, y el Futhark antiguo es el más común para la adivinación rúnica. Este es el conjunto que usará como inspiración al hacer el suyo. Algunos conjuntos de runas incluyen una runa en blanco, conocida como runa de Odín o runa Wyrd. Algunas personas aceptan esta runa en blanco como el aspecto desconocido del destino, mientras que otras creen que no hay evidencia histórica de que esta runa existiera cuando se crearon las letras del Futhark antiguo. No obstante, depende de usted si desea incluirla en su conjunto de adivinación. Si lo hace, creará 25 runas en lugar de solo 24. Sin embargo, si es la primera vez que crea un conjunto, es posible que desee hacer más y pecar de cauteloso. De esta manera, si comete un error durante el proceso de tallado, podrá elegir una runa de repuesto sin tener que crear otra.

Es esencial mantener simple el conjunto de adivinación cuando haga el primero. Comience pensando en la salud, el éxito, la fuerza y otras intenciones que usaría frecuentemente con sus runas. Se familiarizará más con sus runas y será más sincero acerca de su creación a medida que dedique más tiempo a elaborarlas. Como ha dedicado mucho tiempo a crearlas, cargarlas será más fácil cuando llegue el momento. Haga que cada una sea tan significativa como la anterior. Más adelante nos ocuparemos de cargarlas.

Cómo Crear su Propio Conjunto de Adivinación de Runas

Los materiales tradicionales más comunes para las runas eran la piedra o la madera. Esto se debía a que eran lo suficientemente simples como para tallar líneas. Sin embargo, hoy en día tenemos mucho mejor acceso a los materiales de moldeo. Entonces, para este conjunto de adivinación, usaremos arcilla polimérica para esculpir que se endurece en el horno porque es fácil de encontrar y usar. Además, no es tóxica y no ensucia mientras la usa.

Herramientas:

- Arcilla polimérica
- Espátula
- Lápiz
- Pequeña herramienta para tallar

- Horno ajustado a 110 grados Celsius/230 grados Fahrenheit
- Papel de aluminio o para hornear
- Pintura acrílica negra
- Pincel fino
- Un paño húmedo o una toallita húmeda
- Resina de fundición transparente

Instrucciones:

1. Enrolle algunas bolitas de arcilla entre sus manos (24 para el alfabeto Futhark antiguo, 25 si quiere incluir la runa en blanco. O más si quiere tener repuestos en caso de que cometa algún error durante el tallado).
2. Aplánelas con una espátula para evitar huellas dactilares. No demasiado grueso, alrededor de 0,5 cm / 0,19 pulgadas.
3. Puede hacerlas del tamaño que quiera: grandes o pequeños, usted decide. Esta es una ventaja de hacer un conjunto propio.
4. El siguiente paso es opcional, pero también convertiremos las runas en amuletos para la dualidad. Entonces, tome un lápiz o algo afilado con punta y haga un agujero en la parte superior de cada pieza de arcilla aplanada. De esta manera, puede usar las runas como amuletos y usarlas como collar.
5. Ahora, tallaremos las letras de las runas en las piezas de arcilla. Puede utilizar un lápiz o una pequeña espátula de arcilla.
6. Talle cada símbolo en la runa entre 1 y 2 mm de profundidad. De esta manera, los símbolos quedarán claros cuando se horneen.
7. Tómese su tiempo al tallar los símbolos y recuerde que si quiere usarlos como amuletos, mantenga el agujero para el amuleto en la parte superior.
8. Una vez que haya terminado de tallar, coloque las piezas de arcilla sobre un papel de aluminio o para hornear y sobre una bandeja para hornear.
9. Colóquelas en el horno a unos 110 grados Celsius / 230 grados Fahrenheit y hornéelas durante unos 30 minutos.
10. Después de 30 minutos, las piezas de arcilla estarán endurecidas. Déjelas enfriar durante otros 30 minutos.

11. El siguiente paso es opcional, pero ayuda a que los símbolos resalten más. Tome su pintura acrílica negra y su pincel y pinte con cuidado las muescas de las tallas de runas.
12. Después de pintar cada símbolo de runa, las cosas pueden verse un poco desordenadas. Si es así, tome un paño húmedo y limpie con cuidado cualquier residuo. Este paso no borrará la pintura, ya que las tallas serán lo suficientemente profundas como para mantener la pintura dentro en lugar de afuera.
13. Deje secar la pintura.
14. Para evitar que sus runas se desgasten (y luzcan bonitas y resistentes), píntelas con una resina transparente. Esto les dará un bonito brillo. Nuevamente, deje secar la resina.

Y ahí lo tiene. Su propio conjunto de adivinación está tallado y creado con cuidado y atención.

Activando su Conjunto de Adivinación

Cuando decimos activar, nos referimos a cargar el conjunto de energía. Esto no significa necesariamente cargarlo con el poder de la luna llena, sino encenderlo con su espíritu y confianza.

Las runas son una herramienta de adivinación, pero su interpretación depende de la esencia humana dentro de cada individuo. Por lo tanto, toda práctica de adivinación comienza con algún tipo de ritual diseñado para calmar la mente y reconectar al lector con su intuición.

El siguiente paso es plantear su pregunta al universo, utilizando nuevamente el poder de su mente. Los vikingos creían que todas las fuerzas naturales del mundo estaban interconectadas. En otras palabras, si hace una pregunta con intención, las fuerzas históricas que fueron tan veneradas por el antiguo uso de las runas pueden ayudarlo a encontrar una respuesta.

Para que la activación sea un éxito, hay una cosa que debe tener en cuenta antes de comenzar. Durante la activación, debe conocer el significado de cada una de las runas. Esto asegurará que inicie la esencia correcta del significado de la runa.

Algunas personas optan por utilizar candados con etiquetas en esta parte del ritual de activación. Esto significa el uso de fluidos corporales como sangre o saliva. Pero si no se siente cómodo usando fluidos corporales, aún puede activar las runas con la misma conexión siguiendo estos pasos.

1. Para aquellos interesados en usar un candado de etiqueta con sus runas, deben frotar cada una de las runas con un poco de sangre o saliva mientras siguen los pasos a continuación. Si no está interesado en encerrar ningún fluido corporal en las runas (¡no es absolutamente necesario y no queremos que se lastime!), entonces, por supuesto, omita este paso.
2. Tome cada una de sus runas, una por una, y colóquelas contra su frente, sobre su corazón o sosténgalas entre las palmas de sus manos.
3. Visualícela activamente en su mente mientras hace esto. Intente adoptar una postura meditativa o de oración si es posible.
4. Cuando sienta que estás listo, continúe y aplique un poco de sangre o saliva sobre el tallado de la runa. Mientras hace esto, siga diciendo o cantando el nombre de la runa.

   Los maestros de runas utilizan este paso como una forma de crear un vínculo y escuchar cómo la runa les habla, no necesariamente con palabras, ya que es más bien un sentimiento.
5. Nuevamente, sostenga la runa contra su frente, corazón o entre las palmas de tus manos y dele un momento para que se cargue.

Durante este paso, algunos prefieren decir un canto específico, respirar sobre la runa o decir "que así sea" o "gracias". Esto puede crear un vínculo entre usted y cada una de las runas. Recuerde, hay 24 runas por conjunto, por lo que tendrá que realizar este paso de activación al menos 24 veces. Para aquellos que frotaron sus runas con fluidos, pueden agregar un sellador sobre ellas para evitar que se descascaren.

Una vez que haya activado las runas y haya completado este paso, podrá lanzar las runas. Se pueden tirar al suelo, sacar de una bolsa o utilizar de cualquier otra forma. La posición de una runa en relación a las demás y dónde cae determinará cómo se interpreta la respuesta.

Discutiremos exactamente cómo leer las runas que lance en otro capítulo. Pero por ahora, sepa que los investigadores y místicos han desarrollado varias formas diferentes de leer las runas para la adivinación, y existe una amplia gama de enfoques. No obstante, descubrirá que cada práctica se basa en conectar con su intuición a través de las runas.

Cuidando sus Runas

Limpiar y activar sus runas es una parte integral del cuidado de ellas. Si trata las runas con respeto, pueden convertirse en una poderosa herramienta de apoyo. La frecuencia con la que realice sus rituales de limpieza dependerá de algunos factores, pero esencialmente depende de usted con qué frecuencia las recargas. Si las runas son nuevas o han sido tocadas por otras personas, entonces tiene sentido reactivar su poder para que se unan a usted y solo a usted. Las runas deben mantenerse lo más cerca posible de usted, ya que a menudo se consideran artículos personales. Sintonizar su propia energía manteniéndola cerca de usted en el trabajo o en su dormitorio le ayudará a recibir una lectura más precisa.

Puede guardar sus runas en una bolsa para mantenerlas a salvo[5]

Las runas se pueden guardar en una caja o en una bolsa hecha de materiales naturales. Además de las bolsas de terciopelo, algunos prefieren cajas de madera con una barra de selenita en su interior. La selenita es un cristal curativo natural, por lo que sus propiedades pueden emitir una poderosa energía curativa hacia sus runas.

Siempre debe permanecer centrado emocionalmente sin importar cómo active sus amuletos rúnicos o su conjunto de adivinación. Es posible que las fuerzas superiores a las que invoca tengan una reacción positiva o negativa a sus preguntas, dependiendo de sus sentimientos internos durante el ritual.

A estas alturas, debería comprender mejor lo que se necesita para invocar la magia de las runas del Futhark antiguo. Una vez que esté familiarizado con su significado, el siguiente paso será activar sus amuletos rúnicos. Una vez que haya hecho eso, el proceso debería energizar su subconsciente creativo para que cree su propio conjunto de adivinación.

Capítulo 7: Seiðr, el Arte de la Adivinación Rúnica

En este capítulo, aprenderá a desarrollar la habilidad de Seiðr, la práctica de predecir lo desconocido mediante la lectura de las runas del Futhark antiguo. Para empezar, se le brindará una visión integral de la adivinación en general y del Seiðr como práctica y los resultados que puede esperar de ella. Como cualquier otra práctica de adivinación, Seiðr requiere que prepare su espacio, algunas herramientas, su cuerpo y su mente. Una vez analizados estos elementos, estará listo para pasar al tema del lanzamiento de runas y aprender a utilizar las extensiones rúnicas como forma de guía para abordar problemas o situaciones actuales. También se le proporcionará un resumen rápido del significado de cada símbolo rúnico para ayudarlo a leerlos y encontrar las respuestas que busca.

Conceptos Básicos de Adivinación y Seiðr

La adivinación es un método para aprovechar su intuición para acceder a conocimientos ocultos a sus procesos de pensamiento conscientes. Su mente subconsciente comunica lo que ve e interpreta como mensajes espirituales, permitiendo que su mente consciente los descifre. Algunas formas de adivinación incluyen la interpretación de los sueños, la adivinación con cristales, el uso de cartas del Tarot, monedas y hojas de té, y la invocación de runas. La adivinación mediante runas es muy similar a leer las cartas del Tarot en el sentido de que no le ayudará a predecir el futuro. Es una herramienta de orientación que trabaja con su subconsciente para resolver problemas o superar situaciones observando los posibles resultados.

Seiðr es un tipo de magia nórdica relacionada con contar y dar forma al futuro. Según los mitos nórdicos, Seiðr estaba asociado principalmente con las deidades Odín y Freya, quienes luego enseñaron la práctica a las otras deidades nórdicas. Posteriormente, la práctica se transmitió a la humanidad en general y se decía que estaba reservada para las mujeres de cada generación. Hoy en día, los practicantes de magia nórdica todavía utilizan Seiðr como una práctica adivinatoria confiable.

Para realizar Seiðr, un practicante debe entrar en trance para interactuar con las fuerzas divinas. Luego, hace preguntas relacionadas con profecías u orientación para acciones futuras. Los rituales Seiðr se pueden realizar para buscar conocimientos ocultos, ya sea que estén escondidos en un lugar físico o en la mente, atrayendo buena suerte y muchos otros propósitos alcanzables. En la antigüedad, también se hacía para curar a los enfermos, controlar el clima, resolver disputas y traer lo contrario de todo lo anterior. Sin embargo, dado que el método gira en torno a preguntas del pasado, presente y futuro, lanzar e interpretar runas de manera consistente es casi imposible. La única forma de practicar la adivinación Seiðr de forma fiable es utilizarla para objetivos conscientes y alcanzables.

Qué Necesita para Practicar la Adivinación

Lo primero que necesitará para practicar la adivinación rúnica es un conjunto de runas. Aquí puede comprar un conjunto de runas prefabricadas o crear unas propias, como hacen muchos practicantes del paganismo nórdico. Si bien lo primero probablemente sea más fácil para los principiantes, crear runas mejora su conexión con ellas, lo que hace que funcionen aún mejor para usted. Si opta por la primera opción, podrá elegir entre runas hechas de piedra, madera y cristales. Tallar runas en cristales les infunde un elemento adicional llamado vibraciones naturales, que pueden usarse para diversos propósitos.

Si elige crear sus propias runas, puede inscribirlas en trozos de piedras o madera con nueces, como avellana, avena, pino o incluso cedro. Además de tallar, también puede pintar los símbolos con pintura acrílica (muy recomendable para principiantes) o quemarlos en la madera (solo recomendado si tiene experiencia en el uso de herramientas de quemado). Tallar sus propias runas puede ser parte del proceso de preparación mágica para cualquier hechizo, adivinación u otro acto mágico. Puede ser beneficioso para su práctica, pero no debes tomarlo a la ligera; de lo contrario, no podrá infundir sus poderes a sus runas.

También necesitará preparar una superficie para trabajar. Esta puede ser su altar o cualquier otro espacio sagrado en el que practique habitualmente. Si opta por el método de la tela, necesitará colocar un trozo de tela sobre la superficie preparada. Puede utilizar cualquier tipo de incienso, velas, aceites, cristales o cualquier otra herramienta que le ayude a entrar en el estado de ánimo adecuado para acceder a la información que busca. Aparte de estos elementos y las runas, puede preparar símbolos del guía con el que está trabajando. Si busca orientación adivinatoria de una deidad nórdica, debe tener algo que la simbolice. Puede ser una imagen, un objeto o el dibujo de la runa que la representa.

Tirada de Runas

La tirada de runas es un método de adivinación oracular popular utilizado por los practicantes de la magia nórdica. Implica lanzar runas para recibir orientación para manejar problemas o situaciones con las que necesite ayuda. La tirada de runas es esencialmente muy similar a las tiradas del Tarot, ya que también ofrece una mejor perspectiva para una variedad de situaciones, algunas generales, otras más específicas. Esta última situación es un propósito más común, ya que tiene más posibilidades de recibir una respuesta a una pregunta concreta que a una genérica.

Cada runa del Futhark antiguo tiene un significado correspondiente, y las que se encuentran frente a usted lo guiarán hacia posibles respuestas o soluciones. Dicho esto, al igual que con cualquier método de adivinación, las runas no le darán la respuesta exacta a sus preguntas, ni ofrecen consejos directos sobre lo que debe o no hacer con su vida. Más bien, sugieren diferentes resultados y factores que pueden influir en ella. La Tirada de Runas puede ser una gran herramienta para mejorar su intuición y aprender a confiar en ella aplicando algunas habilidades de pensamiento crítico. Al igual que con las tiradas del Tarot, las reglas no revelan nada fijo. Sus acciones pueden influir en el resultado de diferentes situaciones y alterarlas drásticamente. Entonces, si no le gusta un resultado, cambie lo que está haciendo actualmente y los resultados serán más de su agrado.

Cómo Tirar Runas

Según las tradiciones nórdicas, las runas se tiran sobre tela blanca. Esta proporciona un fondo neutro para que el lanzador pueda concentrarse en los resultados. El color blanco también se considera mágico y se cree que mejora la formación del vínculo mágico entre las runas y la persona que las lanza. Si bien hay practicantes que prefieren lanzarlas al suelo para tener un mejor acceso a la magia natural, la elección dependerá de usted.

Algunos métodos de tirada de runas implican arrojar las runas frente a usted; otros requerirán que las coloque en un patrón elaborado. Con los primeros también podrá elegir entre mantener los ojos cerrados o abiertos mientras mira al cielo durante el lanzamiento. Cuando las runas aterrizan, puede abrir los ojos o bajar la cabeza y leerlas. Lanzar una tirada rúnica es similar a diseñar una tirada de Tarot. Sostiene la bolsa o caja en su mano, formula sus preguntas y comienza a sacar las runas una por una. Las coloca en la forma de la tirada que ha elegido interpretar.

Cualquiera que sea el método que elija, guarde sus runas en una bolsa o caja hasta que esté listo para tirarlas para evitar que se infundan con influencias negativas. Antes de iniciar el proceso de adivinación, prepare su espacio limpiándolo, y podrá hacer lo mismo con su mente y cuerpo también. Asegúrese de tener en mente las preguntas e intenciones correctas considerando su situación actual y lo que desea lograr en el futuro. Incluso puede hacer un ejercicio de meditación preparando su mente para concentrarse o decir una oración rápida a la deidad a la que está pidiendo ayuda.

Cómo Utilizar Tiradas de Adivinación Rúnica

Hay algunos diseños diferentes que pueden ayudarlo a aprovechar su intuición y revelar las respuestas a las preguntas que hace durante su práctica adivinatoria. La más sencilla es la extracción de 1 runa, aunque no es realmente adecuada para la adivinación porque solo responde preguntas de sí o no. Dicho esto, aún puede ser excelente para practicar y aprender los significados de las runas, especialmente si está familiarizado con el Tarot, ya que es muy similar al método de lectura diaria de 1 carta. Implica sacar una runa de su bolso y mirarla para interpretar su significado.

Necesitará más runas para obtener información sobre influencias pasadas y presentes y resultados futuros. Las distribuciones populares que involucran múltiples runas son el esquema de 3 runas, el esquema de 5 runas, el esquema de 7 runas, el esquema de 9 runas y el esquema de 24 runas. Antes de lanzar cualquiera de las tiradas, debe poner su mano en la bolsa donde guarda sus runas. Mueva sus manos para mezclar las runas antes de arrojarlas. Dado que la tirada de runas normalmente aborda un problema particular, debe considerar qué problema desea explorar. Esto le ayudará a acceder a las influencias del pasado y del presente.

El Esquema de 3 Runas

Este es uno de los diseños más antiguos, ya que tradicionalmente los nórdicos lanzan sus runas en 3 o múltiplos de 3. Revela influencias pasadas, presentes y futuras relacionadas con preguntas simples y, a menudo, se recomienda para practicantes principiantes.

A continuación, se explica cómo lanzarlo:

- Saque 3 runas de su bolsa una a la vez y colóquelas sobre la tela. Asegúrese de colocarlas una al lado de la otra con sus símbolos mirando hacia usted.
- La primera runa indica su problema en general, así que asegúrese de mirarla detenidamente.
- La segunda runa muestra todos los desafíos que enfrenta como resultado del problema.
- La última runa destaca los posibles pasos que puede seguir para superar los desafíos.

El Esquema de 5 Runas

Una vez que domine la tirada de 3 runas, puede probar suerte con el esquema de 5 runas. Las 2 runas adicionales le ayudarán a explorar su problema en detalle para que pueda comprender mejor cómo su pasado y su presente influirán en su futuro.

Aquí se explica cómo hacer la tirada de 5 runas:

- Coloque sus runas en forma de cruz. La runa inferior representará las influencias fundamentales sobre las respuestas que busca.
- La runa del extremo izquierdo transmite los problemas que llevan a las preguntas.
- La runa del extremo derecho representa las respuestas a sus preguntas.

- La runa en la parte superior indica influencias positivas sobre las preguntas y las respuestas.
- La última runa, la del medio, indica posibles influencias futuras sobre la respuesta.

El Esquema de 7 Runas

El esquema de 7 runas revela influencias pasadas, presentes y futuras relacionadas con sus preguntas, junto con otros posibles problemas que no conocía, algunos de los cuales quizás quiera explorar más a fondo.

A continuación, se explica cómo utilizar la tirada de 7 runas:

- Con las runas en su mano, formule una pregunta (o más).
- Distribuya sus runas en forma de V y comience a interpretar las respuestas y las posibles influencias sobre ellas.
- La primera runa en la posición superior izquierda indica influencias del pasado.
- La segunda runa debajo de la primera representa las influencias actuales relacionadas con las respuestas.
- La que sigue a continuación muestra cómo las acciones futuras pueden influir en el resultado y la veracidad de las respuestas.
- La runa central en la parte inferior de la V indica posibles caminos que puede tomar para alcanzar el resultado deseado.
- La primera runa en el lado derecho, encima del centro, resalta cualquier emoción que pueda influir en las preguntas.
- La runa de arriba indica cualquier problema que conduzca a la pregunta y que pueda influir en el resultado.
- Finalmente, la runa en la parte superior derecha representa los posibles resultados futuros de la situación o pregunta sobre la que desea saber más.

El Esquema de 9 Runas

El 9 se considera un número místico en la mitología nórdica y usarlo en un diseño de runas puede mejorar su práctica de adivinación. También es increíblemente fácil de usar, aunque requiere 9 símbolos diferentes para interpretarlo. Aquí se explica cómo hacerlo:

- Cierre los ojos y esparza 9 runas sobre un paño.
- Abra los ojos y observe cómo aterrizaron prestando atención a dos factores.
- ¿Las runas están volteadas o hacia arriba? Las runas que caen mirando hacia arriba confirman las respuestas a sus preguntas, mientras que las que miran hacia abajo indican problemas relacionados con las preguntas que aún no conoce.
- También debe fijarse si las runas han aterrizado más cerca del centro de la tela o más lejos. Lo primero muestra los asuntos cruciales que deberían preocuparle en el futuro, mientras que el segundo grupo pertenece a asuntos menos importantes.

El Esquema de 24 Runas

Se recomienda un esquema de 24 runas al comienzo de un ciclo para revelar lo que le puede traer el año. Además del calendario romano, el día de Año Nuevo, el comienzo del año de nacimiento y el solsticio de invierno también cuentan como el comienzo de un nuevo ciclo. Es un método avanzado, ya que utiliza las 24 runas del Futhark antiguo.

A continuación, se explica cómo hacer el esquema de 24 runas:

- Después de formular sus preguntas, coloque las runas en una cuadrícula de 3x8. Leerá e interpretará cada fila de derecha a izquierda.
- La primera runa de la primera fila representa las formas en que se pueden obtener ganancias financieras y prosperidad.
- La segunda runa muestra las formas en que puede mejorar su salud física y su fuerza.
- La tercera runa muestra cómo puede defenderse y vencer a la competencia.
- La cuarta runa indica cómo puede obtener sabiduría e inspiración para realizar cambios.
- La quinta runa le muestra la dirección que tomará el camino de su vida durante el año.
- La sexta runa revela toda la sabiduría que puede aprender el próximo año.
- La séptima runa muestra todas las habilidades que puede dominar y perfeccionar y los regalos que recibirá.

- Las ocho runas de la primera fila representan todas las formas en que puede lograr el equilibrio y la felicidad.
- La primera runa de la segunda fila representa los cambios futuros que puede esperar en su vida.
- La segunda runa indica lo que debe hacer para alcanzar sus sueños y obtener sus metas.
- La tercera runa representa cualquier obstáculo que la vida pueda poner en su camino durante su viaje.
- La cuarta runa resalta sus logros y éxitos a lo largo del año.
- La quinta runa indica los desafíos que deberá superar y las decisiones que deberá tomar.
- La sexta runa representa toda su fuerza interior y las habilidades que se manifestarán.
- La séptima runa representa la situación más crítica que enfrentará durante el año.
- La octava runa actuará como guía para su energía en su viaje.
- La primera runa de la tercera fila representa cualquier asunto comercial y legal del que sea parte.
- La segunda runa muestra cómo lograrás el crecimiento personal.
- La tercera runa indica todas las relaciones que establecerá durante el próximo año.
- La cuarta runa representa su estatus social esperado.
- La quinta runa le muestra cómo puede cambiar su estado emocional.
- La sexta runa resalta cualquier situación romántica de la que será parte.
- La séptima runa le muestra las formas en que obtendrá armonía en su vida.
- La octava runa representa todos los activos que obtendrá a lo largo del año.

Cómo Leer Cada Runa

Una vez que tenga sus runas esparcidas frente a usted, podrá interpretar sus significados. La siguiente tabla muestra un resumen rápido del significado principal de cada símbolo rúnico.

Aett de Freyr		**Aett de Heimdall**		**Aett de Tyr**	
Fehu ᚠ	Ganado/ Riqueza	Hagalaz ᚺ	Granizo	Tiwaz ᛏ	Victoria
Uruz ᚢ	Buey	Nautiz ᚾ	Necesida des	Berkana ᛒ	Abedul
Thurisaz ᚦ	Gigante/ Espina	Isa ᛁ	Hielo	Ehwaz ᛖ	Caballo
Ansuz ᚨ	Mensaje	Jera ᛃ	Cosecha	Mannaz ᛗ	Hombre
Raido ᚱ	Viaje	Eihwaz ᛇ	Tejo	Laguz ᛚ	Lago
Kenaz ᚲ	Antorcha	Pertrho ᛈ	Destino	Ingwaz ᛜ	Fertilidad
Gebo ᚷ	Regalo	Algiz ᛉ	Alce	Dagaz ᛞ	Amanecer
Wunjo ᚹ	Alegría	Sowilo ᛊ	Sol	Othila ᛟ	Herencia

Sin embargo, como ha aprendido en los capítulos anteriores, cada runa del Futhark antiguo tiene varias asociaciones simbólicas. Por ejemplo, Ehwaz significa caballo, pero también se cree que significa suerte o rueda. Para obtener las respuestas que busca, es fundamental no centrarse únicamente en los significados principales. En cambio, debe pensar en cada runa y en cómo se relacionan con sus preguntas. Si seguimos el ejemplo de Ehwaz, debería considerar si su pregunta fue sobre suerte, posibles viajes, deportes sobre ruedas o caballos en general. Piense también en su situación: es posible que las preguntas que haga no transmitan lo que realmente desea lograr porque no es consciente de ello. Por ejemplo, si no tiene suerte y Ehwaz aparece en la posición de respuesta principal, debe mirar las otras runas para obtener respuestas sobre cómo puede cambiar su suerte. No ignore sus corazonadas porque a menudo estas son la clave para revelar las respuestas inconscientes que su mente consciente no puede procesar. Por ejemplo, si ve a Ehwaz y su pensamiento inmediato es que está a punto de obtener un ascenso en su trabajo, existe una alta probabilidad de que tenga razón.

Capítulo 8: Más Formas de Trabajar con Runas

Si bien la mayoría de las veces las runas nórdicas se utilizan para prácticas adivinatorias, también pueden ser una poderosa adición a sus rituales mágicos y de meditación. Puede seleccionar una o más runas asociadas con su intención para el rito e incorporarlas a su práctica. No solo eso, sino que también puede usarlas todos los días como talismán para recordarle la intención que estableció al cargar la runa. Este capítulo cubre varios usos de las runas, desde la meditación hasta los talismanes para hacer el amor y el Reiki rúnico. La mayoría de estas opciones requieren que use magia rúnica junto con otras herramientas, que es libre de elegir dependiendo de lo que sienta que necesita para manifestar su intención.

Usando Runas en Rituales

El uso de runas en rituales requiere práctica regular porque aumenta la concentración y mejora las habilidades intuitivas. Cuanto más practique, más vívidamente podrá visualizar las runas, lo que, a su vez, ampliará significativamente su capacidad para manifestar su intención. La cantidad de formas en que puede usar runas en rituales es prácticamente ilimitada, ya que pueden incorporarse a todo tipo de ceremonias. A continuación, se muestran algunos sencillos consejos que le ayudarán a empezar.

Ejercicio de Empoderamiento de Conexión de Runas

Incluso si ha encontrado la runa que le atrae y la ha cargado con su energía, es posible que quiera fortalecer su vínculo con ella. Los principiantes pueden aprovechar especialmente este sencillo ejercicio. A continuación, se explica cómo realizar este ritual:

- Recorte un trozo de papel de 3x5 pulgadas y dibuje en él la runa que ha elegido con un marcador rojo.
- Siéntese en una posición cómoda frente a su altar o mesa y coloque el papel frente a usted.
- Respire profundamente un par de veces mientras se concentra en formar la runa en su mente.
- Repita mentalmente el nombre de la runa tres veces, o si siente que mejora su concentración, también puede cantarlo en voz alta.
- Haga una pausa después de la tercera vez para ver qué le dice la runa y luego repita su nombre tres veces más.
- Continúe esto durante varios minutos hasta que se forme una imagen mental sólida de la forma de la runa y su conexión con las sensaciones que recorren su cuerpo y mente.
- El ejercicio general no debe durar más de 10 minutos, pero si siente que necesita más tiempo para perfeccionar su postura, respiración y concentración, siéntase libre de hacerlo todo el tiempo que quiera.

Ritual para Mejorar Su Concentración

Si aún tiene problemas para mantener la concentración, este ejercicio puede ayudarle a mejorar esta habilidad para que pueda manifestar su intención. Es muy similar al anterior, excepto que se centra más en regular los patrones de respiración. Aquí se explica cómo hacerlo:

- Repita el primer paso del ejercicio anterior hasta que esté listo para recitar el nombre del símbolo.
- En este caso, querrá hacer esto en voz alta mientras mantiene un patrón de respiración específico. Esto implica inhalar durante 10

segundos, contener la respiración durante 2 segundos y exhalar junto con el nombre del símbolo. Aguante la respiración una vez más durante 2 segundos.

- Ahora, intente cambiar de posición para ver si mejora su concentración. Por ejemplo, intente ponerse de pie o recostarse si está sentado. Si estuviera de pie, siéntese con los hombros relajados.
- Una vez que haya encontrado la posición que mejor le funcione, concéntrese en el papel que tiene delante durante un par de minutos.
- Cierre los ojos y visualice el símbolo frente a usted. Intente crear una imagen lo más vívida posible.
- Una vez que pueda mantener la imagen frente a usted durante 10 minutos, habrá dominado con éxito este ejercicio.

Ritual de Protección

Los rituales de protección rúnica también eran populares entre los antiguos nórdicos. Además de disuadir las influencias negativas de la vida, también se puede realizar un ritual de protección para desterrar las fuerzas que puedan interferir con el trabajo del practicante. Aquí tiene un rito de protección que puede practicar todos los días y utilizar junto con cualquier otro ritual:

- Párese en una posición cómoda y establezca un ritmo de respiración relajante. Puede seguir el patrón descrito en el ejercicio anterior o crear uno propio.
- Con los ojos cerrados o abiertos, visualice las runas Hagalaz o Eihwaz en rojo mientras canta el sonido en voz alta tres veces.
- Gire lentamente en círculo mientras mantiene la imagen de la runa y repite su nombre, y adopte un ritmo de respiración constante y profundo.
- Una vez que pueda realizar este ejercicio sin interrupciones en su concentración, podrá emprender cualquier otro trabajo con runas con confianza.

Ritual de Apertura

En la antigüedad, el trabajo poderoso con magia rúnica a menudo requería que el practicante realizara un ritual de invocación antes del acto real. Esto ayudaba a preparar la mente, el cuerpo y el espacio del practicante para el proceso, de modo que pudiera manifestar su intención de manera más efectiva. Por lo general, también se dirige a una deidad nórdica a la que se le pedirá ayuda durante el ritual principal. Si desea incorporar este ritual a su práctica, puede hacerlo siguiendo esta guía:

- Párese en medio de una habitación o espacio sagrado que haya elegido para realizar su ritual, mirando al este o al norte.
- Sosteniendo las runas con las que trabajará durante el ritual principal, recite lo siguiente:

  "Parte ahora poderoso (el nombre de la deidad nórdica con la que estás trabajando) desde tu hogar celestial.

  Cabalga rápidamente con todas tus fuerzas para ayudarnos a dar y ganar.

  Runas sagradas que ahora usamos para atraer los poderes,

  el flujo constante con el que fluyen ahora es nuestro".

- Ahora camine hacia la parte más oriental o norte de su espacio y, con su mano, trace un círculo siguiendo el sol, de izquierda a derecha, mientras canta:

  "Estas poderosas runas ahora están dibujadas a nuestro alrededor,

  fuerzas no deseadas; ¡ahora manténganse alejadas!".

- Cuando haya completado el círculo, regrese al centro del espacio, mirando en la misma dirección que antes. Después de eso cante:

  "Las fuerzas preocupantes se dirigen ahora hacia el este,

  santificado sea tu nombre, oh poderoso (nombre de la deidad nórdica) ".

- Una vez que se completa este ritual de invocación, puede realizar el rito principal.

Ritual de Cierre

Cuando un acto mágico comenzaba con un ritual de apertura, los antiguos nórdicos también se veían obligados a realizar un rito de cierre. Este se utiliza para la asimilación de los mensajes recibidos durante el ritual y como expresión de agradecimiento por la ayuda de las deidades. Esto fortalece aún más la intención del ritual. Así es como puede realizar un ritual de cierre exitoso:

- Párese mirando al este o al norte mientras entona:

  "Ahora la obra sagrada se realiza con la ayuda de (la deidad nórdica).

  Lo saludamos porque sabemos que nos brindó su ayuda".
- Ahora es el momento de apagar las velas o el fuego que se utiliza tradicionalmente durante los rituales.
- Mantenga o trace el símbolo de Kenaz y diga lo siguiente:
- *"Con la ayuda del fuego que ahora ha dejado de brillar, la poderosa (deidad nórdica) podrá encenderse para siempre".*
- Si ha realizado un acto mágico empoderador, es posible que esto requiera que internalice su nueva energía. Entonces, el siguiente paso es dibujarla con la ayuda de la runa Fehu.
- Puede sostenerla en su mano o dibujar su imagen en el aire con la mano y respirar profundamente.
- Lleve los brazos hacia adentro y toque el plexo solar con las yemas de los dedos.
- Repita esto en las cuatro direcciones cardinales, visualizando cada vez la energía atraída hacia su centro.
- Con una última exhalación del ejercicio, suelte cualquier imagen en la que se haya centrado durante el rito y aléjese del espacio sagrado.

Meditación Rúnica

Si bien en un capítulo anterior se cubrió una forma de meditación rúnica, este ofrece un tipo general de meditación que puede adaptar a sus preferencias y necesidades mágicas.

La meditación rúnica puede ayudarlo a alinear su energía[6]

Cualquiera que sea el acto mágico que decida realizar, esta meditación puede ayudarle a prepararse asegurándose de que su energía esté alineada con sus necesidades. A continuación, se explica cómo hacer un ejercicio de meditación rúnica:

- Encuentre un lugar tranquilo donde no lo molesten y donde pueda sentirse lo suficientemente cómodo, y conviértalo en su área dedicada a la meditación.
- Usando los símbolos que le atraen en ese momento, cree una runa de anillo en una hoja de papel más grande y colóquela frente a usted para que quede a la altura de sus ojos cuando medite.
- Asuma una posición cómoda y respire profundamente unas cuantas veces.
- Cuando esté lo suficientemente relajado, mire a un anillo de runas frente a usted.
- Ahora puede pasar a un nivel secundario de conciencia colocando las runas en el centro de su enfoque.
- Concéntrese en lo que representa el anillo rúnico para usted y cómo planea utilizarlo.
- Ahora, cierre lentamente los ojos y continúe visualizando la forma de cada runa tal como aparecen en el papel.

- Contemple su semejanza en su mente y escuche su intuición.
- Si es principiante, es posible que tenga problemas para enfocar las imágenes con los ojos cerrados. Si es así, siéntase libre de abrir los ojos y mirar los símbolos antes de volver a cerrarlos.
- Una vez dominado el truco, pase a un análisis más complejo de las runas.
- Al principio, puede mantener su concentración en cada runa durante 10 a 15 segundos en un intento de descifrarlas. Después de un poco de práctica, podrá hacer esto en 5 segundos por runa.
- Después de esto, debe respirar profundamente y purificarse y sumergirse en el silencio interior.
- Durante esto, las runas que ha visualizado se combinan con una intención y un propósito rotundo.
- Puede continuar la meditación mientras sienta un vínculo con la fuerza rúnica. En este estado meditativo, es posible que lo lleven por numerosos caminos. Algunos estarán asociados con la runa misma, mientras que otros revelarán relaciones entre las runas. De cualquier manera, las posibilidades de utilizar la meditación con runas son infinitas.
- Una vez que sienta que el vínculo con la runa se disipa, puede finalizar la meditación respirando profundamente. Si lo desea, también puede repetir una declaración final similar a la siguiente: *"Ahora mi trabajo está hecho, y estoy listo para continuar"..*
- Abra los ojos y rompa el ritual alejándose del área de meditación.

Talismanes Rúnicos

Las runas no tienen por qué limitarse a usos meditativos o rituales. También puede beneficiarse de su energía usándolas como talismán. Con el símbolo asociado a lo que quiere lograr cerca de usted, concentrarse en manifestar su intención en la vida real será mucho más fácil.

Elija una runa con la que realmente sienta una conexión, ya que estará alineada con su intuición. Los talismanes rúnicos generalmente están hechos de piedra, madera, hueso o metal, aunque ocasionalmente también se usaba papel pergamino. Cualquiera de estos funcionará si la guarda en su escritorio o la lleva consigo como colgante.

Los objetos en los que están talladas las runas también pueden cumplir algunas funciones utilitarias, como bolígrafos, hebillas, automóviles y más. Los siguientes talismanes rúnicos simples y fórmulas de inscripción pueden resultar de ayuda.

Fomentando o Consolidando el Amor

Una de las formas más populares de utilizar runas como talismanes es fomentar el amor y el afecto para desarrollar una relación o fortalecer el vínculo dentro de una existente. Recuerde que no se puede crear afecto donde no lo hay, y las runas deben usarse para buenas intenciones. Aparte de las implicaciones éticas, la magia del amor parece funcionar más eficazmente cuando se utiliza para mejorar los sentimientos existentes. A continuación, se explica cómo crear un talismán para rituales de amor:

- Cree las runas tallando los siguientes símbolos en un trozo de madera o piedra:
- ᚷᚨᚾᛏᛖᚦ
- Talle el nombre de las dos personas entre las que quiere potenciar el afecto en el otro lado del talismán.
- Ya sea que esté haciendo el talismán para mejorar su vida amorosa o la de otra persona, haga dos conjuntos para que el hechizo pueda funcionar en ambos lados.
- Después de grabar los nombres y símbolos en las runas, debe cargar las runas con su intención. Haga esto concentrándose en las dos personas que quiere unir, así como en las fuerzas rúnicas que unirán el amor.
- Las dos personas a las que está destinada la runa deben llevar el talismán cerca de sus cuerpos para fomentar el afecto de la otra persona. Una forma alternativa de este ritual es grabar los símbolos en una pieza prefabricada de joyería de madera o piedra, lo que facilita su uso.
- Las dos partes también pueden colocar el talismán debajo de la cama del otro o sobre un umbral que la otra persona cruza regularmente.

Siguiendo una tradición centenaria, los practicantes de la magia nórdica a menudo se regalan amuletos de amor como parte de su ceremonia de boda. Una versión moderna de esto es que las parejas expresan la fuerza de su vínculo haciendo elaboradas invitaciones para ceremonias de boda, rituales de unión y cualquier celebración que celebren juntos.

Talismanes para la Sabiduría

Los talismanes también se pueden utilizar para reunir sabiduría. Necesitará un talismán, herramientas para hacerlo y una copa de vino o jugo de uva.

- Si va a hacer el talismán pintándole una runa, asegúrese de utilizar productos naturales en lugar de colorantes artificiales.
- Si está tallando las runas, tampoco las grabe demasiado profundamente en la superficie.
- Si bien puede usar varios tipos de runas como talismán de sabiduría, Mannaz funciona mejor para revelar nueva información para la mente consciente.
- Recoja las virutas en un recipiente y mézclelas con miel o hidromiel. Repita lo siguiente:

  "Mientras mezclo estas runas, la dulce fuente de sabiduría,
  Se fusionarán en un vínculo poderoso".

  Tome la copa en tus manos y beba su contenido.
- Su energía ahora está absorbiendo inspiración y sabiduría.
- Puede usar el talismán o dárselo a alguien que pueda beneficiarse del conocimiento adicional. La persona que lo use atraerá una gran cantidad de información que podrá utilizar para mejorar su vida.

Sanación Rúnica y Reiki

Las runas nórdicas también se pueden utilizar para sanar, ya sea en prácticas curativas paganas o de cualquier otro tipo. Un uso interesante de las runas para la curación es combinarlas con los símbolos tradicionales de Reiki. Este método se basa en el sistema de Reiki Rúnico, donde tanto los símbolos nórdicos como los de Reiki se activan de manera similar y el practicante aplica la visualización para ponerlos en práctica. Lo que hace que el Reiki Rúnico sea tan valioso es que facilita la práctica de la curación, ya que no requiere la colocación de las manos como lo hacen las técnicas tradicionales. Esto también hace que el Reiki Rúnico sea perfecto para la curación a distancia. A continuación, se explica cómo utilizar este método:

- Comience visualizando el símbolo de curación para ayudar a disminuir el efecto de la distancia entre usted y el destinatario.
- Sostenga el símbolo de Shai Nal Reiki en sus manos, ya que esto le ayudará a aumentar su poder.
- Visualice trazar una línea alrededor del cuerpo del destinatario con el símbolo de Shai Nal. Debería comenzar por encima de su cabeza y terminar en su segundo chakra.
- Active Shail Nal recitando su nombre tres veces seguidas en su cabeza.
- Dentro de las líneas de este símbolo, visualizará una runa nórdica asociada con la parte del cuerpo que está tratando de sanar.
- Por ejemplo, si quiere aliviar un trauma emocional, utilizará Laguz. Mientras que si desea curar una lesión o dolencia física, deberá utilizar Ehwaz. También puede usar Mannaz para aclarar su mente y Uruz y Fehu para mejorar la salud de alguien.
- Ahora, debería cambiar su enfoque con la ayuda del símbolo Han-so.
- Recite algunas afirmaciones de posición, como, por ejemplo:

  "Te sientes saludable y radiante".

  "No sientes dolor".
- Las declaraciones que transmiten mensajes positivos son más fáciles de procesar para su subconsciente, ya que le resultan más difíciles las declaraciones negativas.
- Mantenga la imagen de Shai Nal sobre el destinatario e intente verlo rodeado de luz rosa o roja.
- Utilice los símbolos de Reiki Rúnico para formar una conexión con una fuente de energía específica, como una deidad nórdica o cualquier otra guía que pueda utilizar.
- Cuando haya terminado, selle su curación combinando visualmente el símbolo de curación a distancia con Algiz (para otra capa de protección) o Sowilo (para agradecer a su guía por permitirle sanar).

Capítulo 9: Magia Nórdica en el Mundo Moderno

En los tiempos modernos, las tradiciones nórdicas no están directamente relacionadas con las creencias de los vikingos. Debido al número limitado de fuentes escritas sobre el tema, tenemos una interpretación más amplia de esta antigua religión. Por lo tanto, los practicantes de hoy en día hacen lo que consideran correcto para ellos.

A diferencia de la mayoría de las otras religiones, la fe nórdica no tiene un libro con todas las respuestas. La mayoría de los seguidores tienen una forma única e individual de hacer las cosas. La Edda poética, por supuesto, es un recurso maravilloso que muestra los cuentos originales de los dioses y sus prácticas con las runas y la adivinación. Pero no le dará todo lo que necesita para familiarizarse con esta religión.

Para que pueda desarrollar su propio método de practicar la magia nórdica, es necesario examinar cómo los practicantes modernos utilizan la magia nórdica y sus tradiciones. Lo primero que debe hacer es comprender cómo la magia nórdica llegó a la fe moderna y cómo ha influido en la forma en que vivimos. Después de eso, puede decidir si quiere practicar individualmente o dentro de una comunidad, ya que hay tantos métodos de práctica comunitaria como independientes. A continuación, analizaremos algunas formas en las que puede incorporar la magia nórdica a su vida diaria y convertirla en parte de su rutina.

Ásatrú (Ásatrúarfélagið)

El paganismo nórdico antiguo Ásatrú, la religión de los colonos vikingos originales, está atravesando una especie de renacimiento. Los caminos espirituales arraigados en las prácticas y creencias de los ancestros nórdicos son comunes en la sociedad moderna. Algunos paganos nórdicos se refieren a sí mismos como paganos, pero otros se refieren a sí mismos como Asatru.

Asatru fue el nombre creado por los neopaganos nórdicos durante la Edad Media. Este término fue acuñado en el siglo XIX para describir la reconstrucción de las tradiciones religiosas de Escandinavia antes de la introducción del cristianismo. En este período, el siglo XIX, Asatru se tradujo aproximadamente como "ser fiel a los Aesir", una de las tribus de dioses nórdicos (Odín, Höðr, Baldr, Frigg, Thor, Freyr y Freya). Aesir, el grupo principal de los dioses nórdicos, se convirtió en el foco de la religión Asatru. El término se refiere a un conjunto de religiones y espiritualidades que se originan en creencias espirituales del norte de Europa.

El concepto Asatru se refiere a ser fiel a los dioses nórdicos y al mismo tiempo reconocer las tradiciones paganas de la era escandinava precristiana. Esto llevó a la creación de nuevas ramas de esta fe.

Ásatrú Moderno

Sveinbjorn Beinteinsson jugó un papel esencial en el establecimiento del reconocimiento de Asatru por parte del gobierno islandés en 1972, a finales de los años sesenta y principios de los setenta. En este punto, comenzaron a aparecer varias organizaciones Asatru por toda Europa y América. Mucha gente en todo el mundo sigue a Asatru, principalmente en organizaciones de Estados Unidos y Europa, e incluso es reconocida como religión oficial en ciertos países europeos.

Hay un gran énfasis en los mitos nórdicos en Asatru, aunque no se consideran hechos históricos. Más bien, se los ve como una guía para alcanzar la grandeza, disfrutar del mundo y utilizar todo lo que nos rodea en nuestro beneficio. Los humanos tenemos una relación íntima con los dioses, ya que a menudo se los considera parte de la naturaleza. Sin embargo, solo acudimos a los dioses en busca de ayuda cuando se han agotado todos los esfuerzos, recursos y todas las demás opciones humanas. Adorar a los dioses nórdicos requiere un regalo. Como resultado, a menudo se hacen sacrificios en forma de ceremonias en las que se comparten comida, bebida y artículos personales. Esto se hace para mantener un fuerte vínculo entre los dioses y nosotros.

Según los seguidores de la tradición Asatru, los objetos se consideran una parte importante de la conexión entre los seres humanos y los dioses. Existe la posibilidad de que los dioses puedan infundir poder a los objetos. Se cree que todas las cosas del universo están conectadas entre sí por un flujo de energía. Como ejemplo, podemos crear un amuleto rúnico o un conjunto de adivinación. En cierto sentido, le estamos vinculando nuestra esencia. Al darle forma, le damos una parte de nosotros mismos y, como ofrenda, podemos dársela a los dioses. A cambio, los dioses nos brindan poder y entusiasmo que nos ayudarán a vivir nuestras vidas por nuestra cuenta. Los dioses son manifestaciones de la realidad espiritual que, a su vez, nos afecta.

Los seguidores de Asatru no rezan a los dioses. En lugar de depender de ritos formales, meditan y buscan sus bendiciones a través de rituales informales. Este aspecto del honor es en sí mismo una forma de oración para vivir una vida buena y moral y expresa el amor a la libertad porque no es autoritaria y es descentralizada. Asatru no tiene un líder espiritual todopoderoso que dicte la verdad al mundo. No existe una conexión directa entre un gurú o sacerdote y los dioses; en cambio, se cree que los dioses son parte de usted.

Ásatrú como una Organización

Sin embargo, la religión tiene algunas jerarquías basadas en organizaciones específicas. Una organización Asatru se conoce como Hermandad. Los sacerdotes de una Hermandad son conocidos como Gothar, que es una forma plural de Gothi o Gythia. Un Gothar es el sacerdocio colectivo de la comunidad Asatru y Folk se le llama a su congregación. Como muchas religiones paganas, esta enfatiza la comunidad como un aspecto esencial de su práctica. Cada miembro de la comunidad tiene un papel importante que desempeñar en la formación de una fuerza unificada que beneficie al conjunto. De esta manera, la comunidad queda protegida, fértil, próspera y acomodada.

Los Gothar son el sacerdocio colectivo de la Comunidad Asatru. Se traduce como aquellos que hablan la lengua piadosa. Un miembro de Gothar es un miembro muy visible de la gran comunidad Asatru. Las personas que deseen convertirse en Gothar deben poseer tres cosas: la sabiduría de Odín, la fuerza de Thor y el amor de Freya. Asatru adora a estas tres deidades principales. Los tres aspectos a menudo se expresan a través de textos sagrados, la pertenencia a una hermandad y el cuidado del pueblo. Además de guiar a la gente con sabiduría, ser fuerte para la comunidad y trabajar en beneficio de la hermandad, se requiere cierta cantidad de amor, amistad y compasión. Por lo general, se espera que se comporten de una manera que sirva de excelente ejemplo a seguir para los demás. Desempeñan un papel esencial en el legado y la historia de quienes practican Asatru. El Althing, un alto consejo de Asatru, establece los estatutos que la gente debe cumplir. Los portavoces del Althing, la voz destacada del consejo, son elegidos por su hermandad.

Asatru es una religión que se adapta a las necesidades modernas y, como tal, muchas organizaciones Asatru pueden hacer las cosas de manera diferente, pero los cánones de esta religión son los conceptos básicos antes mencionados.

Diferentes Organizaciones Ásatrú

Existe una maravillosa variedad de espiritualidades Asatru modernas basadas en tradiciones paganas. Asatru es la rama neopagana más famosa y existen diferencias de una organización a otra. Por ejemplo, una se centrará únicamente en los Aesir, es decir, Odín, Höðr, Baldr, Frigg, Thor, Freyr y Freya; dioses del cielo, dioses de la guerra, ley, justicia, poesía y sabiduría. Otras se centran más en las realidades sociales y la necesidad de mantener el orden, con énfasis en la fertilidad, la prosperidad, la abundancia y la magia.

En otras palabras, Asatru es una reconstrucción politeísta neopagana basada en ciertos aspectos religiosos e históricos de la Escandinavia precristiana. Es un resurgimiento de la religión indígena precristiana del pueblo nórdico.

Los seguidores de esta fe, sin embargo, reconocen que otras personas tienen sus propios dioses además de interactuar con los dioses nórdicos. Es importante señalar que los seguidores de Asatru no creen que sus dioses representen los únicos dioses verdaderos. No hay estructuras jerárquicas, dogmas o libros sagrados en el centro de la religión, que es una reconstrucción de una tradición religiosa. Debido a esto, las prácticas religiosas pueden diferir en la interpretación según su entorno.

Odinismo

El odinismo es otra forma de organización de la teología nórdica. Lleva el nombre del dios Odín. Fue reconstruida en los tiempos modernos como una religión relacionada con el paganismo, las runas, la mitología y el folclore germánicos. La primera mención del odinismo se remonta a la década de 1820. En 1840, el término fue utilizado por Thomas Carlyle, ensayista, historiador y filósofo escocés. Quienes practican el odinismo son asociados con paganos e incluso con supremacistas blancos. A los que practican con Odín a menudo se les ve usando un colgante con el martillo de Thor alrededor del cuello.

En toda Europa y partes de América, el odinismo seguiría practicándose y modificándose desde sus inicios. Hoy en día hay muy poca investigación sobre el Odinismo porque ha sido borrado y cambiado a lo largo de la historia. Especialmente cuando el cristianismo se abrió paso en el mundo. Cuando llegó el cristianismo, se rechazó en gran medida el paganismo de cualquier tipo, incluido el odinismo.

A mediados de la década de 1970 se fundó en Gran Bretaña el Comité para la Restauración del Rito Odínico o Comité Odinista. Representa un resurgimiento moderno de las prácticas mágicas nórdicas bajo el término odinismo. En 1980, la organización cambió su nombre a El Rito Odínico tras el creciente interés en restaurar la fe Odínica.

Las creencias del odinismo moderno son politeístas, lo que significa que creen en más de una deidad. La era vikinga representa solo una pequeña porción de la evolución y la historia del Rito Odínico. Desdeñan términos como religión vikinga o Asatru.

Según el Rito Odínico, los miembros deben vivir de acuerdo con las Nueve Nobles Virtudes, que se basan en escritos que se encuentran en la Edda Poética como El Sigrdrífomál y El Hávamál:

- Autosuficiencia
- Perseverancia
- Disciplina
- Honor
- Coraje
- Laboriosidad
- Hospitalidad
- Fidelidad
- Verdad

Práctica Moderna de la Magia Nórdica

Existe un consenso general de que la magia se puede dividir en magia buena y magia mala. Por muy común que sea esto entre la población general, también prevalece en las teorías. Los pueblos germánicos precristianos, sin embargo, tenían ideas fundamentalmente diferentes sobre la magia y la utilizaban de diversas maneras. Como resultado, la magia moderna implica sintonizarse con la naturaleza y discernir el destino para lograr sus objetivos.

Haciendo las Cosas Solo

El hecho de que no exista una única forma de practicar resulta convincente para muchos seguidores. Tiene que descubrirlo todo por sí mismo. Pero es a través de este autodescubrimiento e investigación que aprenderá y se convertirá en una mejor versión de sí mismo. A medida que avanza por este camino, puede descubrir que implica mucho tiempo a solas. A diferencia de otras organizaciones, existe una falta de aprendizaje y práctica comunitarios. El culto solitario a los dioses y la práctica de la adivinación se llevan a cabo en solitario porque es una religión basada en la naturaleza, que implica crecimiento personal y autoexploración. También es una exploración de la relación con los dioses, por lo que pasará mucho tiempo con velas, fuegos, libros y runas. Aprender más sobre los dioses y la fe está fuertemente vinculado a la práctica y la investigación.

Comunidad

A pesar de este aspecto solitario de la práctica nórdica moderna, existe una comunidad bien informada. Una vez que sepa cómo encontrar a sus compañeros practicantes, podrá empezar a aprender más y más. Es posible conocer a otras personas que han tenido experiencias únicas y hablar y aprender de ellas. Las redes sociales son una excelente manera de conectarse con otras personas que comparten sus creencias e intereses. Otros practicantes se reúnen para asistir a reuniones y el aspecto comunitario de sus respectivas religiones puede inspirarlo a continuar en su camino de adivinación, magia y fe.

Encuentros

La antigua religión nórdica todavía se practica abiertamente, tal como se hacía durante la época vikinga. Algunos practicantes alaban y hacen ofrendas, se hacen brindis y se celebran banquetes en su honor. Mientras que algunas personas desearán prosperidad y salud brindando por los dioses de la fertilidad Freya y Njörd, otras pueden invocar a Odín por su sabiduría o alabar a Thor por su fuerza al enfrentar un desafío. Algunos creyentes nórdicos se reúnen en grupos y van a sitios específicos para adorar a los dioses y su magia. Hacen ofrendas en lugares de culto precristianos para sentir el poder de sus antepasados. Entre las posibles ubicaciones se encuentran túmulos funerarios de la Edad del Bronce o entornos de barcos de la Edad Vikinga. Generalmente se forma un círculo ceremonial entre los participantes. Dentro del círculo, esto crea un "espacio sagrado" que conecta con el mundo de los dioses. Luego, el círculo se cierra ceremonialmente nuevamente después de que los participantes hayan presentado sus respetos a sus dioses. Cada año se llevan al altar un total de cuatro ofrendas durante el solsticio de verano, el solsticio de invierno, el equinoccio de otoño y el equinoccio de primavera.

Estas reuniones de grupo suelen estar formadas por practicantes individuales. Pero hay organizaciones como el Odinismo y Asatru que realizan servicios semanales.

Prácticas Diarias para Incorporar a Su Vida

En las actividades relacionadas con lo nórdico, cada individuo adora a los dioses y a la naturaleza a su manera. Cualquiera que sea el método que funcione mejor para cada persona es el correcto.

Amuletos y Encantamientos

Los amuletos se han utilizado durante miles de años[7]

Durante miles de años, la gente ha usado joyas específicas relacionadas con los nórdicos como una forma de expresar su fe. Y hasta el día de hoy, hay miles de personas en todo el mundo que hacen lo mismo. Ya sea en forma de Mjölnir (el martillo de Thor) o amuletos rúnicos, es un método poderoso para ayudar a reflexionar sobre lo que simbolizan estas cosas. La guía de Thor para la fuerza, pero también la protección de los dioses y su honor hacia ellos.

Naturaleza

Tómese 10 o 15 minutos para sentarse al aire libre todos los días. No importa el clima, observe el mundo que lo rodea y piense realmente en su fe. Debido a que la naturaleza es un aspecto tan esencial de esta fe, encontrar un lugar al que pueda escapar solo unos minutos cada día marcará una gran diferencia en la forma en que se conecta con ella. Necesita la naturaleza para separarse del mundo exterior. Ya sea un solo árbol, un arbusto, un trozo de césped o incluso una planta en una maceta en su casa, encuentre un lugar donde pueda desaparecer y reconectarse con la naturaleza, aunque sea por unos minutos.

No Espere Resultados Inmediatos

Al adherirse a las creencias de las tradiciones nórdicas, tendrá estos grandes momentos de realización y conciencia. Es posible que no sucedan todos los días o todas las semanas. Puede que ni siquiera ocurran todos los meses. En su mayor parte, vivimos nuestras vidas como lo hacemos normalmente, pero aún es posible aportarles un poco más de fe y ritmo con cada pequeño paso que damos hacia la comprensión de estas complejas tradiciones. Por eso es importante no esperar tanto y demasiado pronto. Los grandes momentos llegarán cuando deben llegar. Los dioses le mostrarán las señales cuando deba verlas. Y mientras tanto, no tiene nada de malo disfrutar de un poquito de paz para sentarse a disfrutar de la naturaleza y tomar nota de las pequeñas señales del día a día.

Altar Interior

Otra excelente manera de incorporar las tradiciones nórdicas a su vida es creando un altar interior. Puede ser del estilo o tamaño que desee. Algunas personas tendrán una figura de Thor, junto con algunas hierbas, velas e incienso. Mientras que otras llenarán su mesa con sus runas, amuletos y cristales. Esto permite a los practicantes sentirse conectados con los dioses mientras están fuera de casa. Saber que están ahí cuando llegue a casa puede crear una tremenda fuerza y determinación a lo largo del día. También puede construir un altar al aire libre para representar su apego al mundo natural. Mantener su altar y mantenerlo limpio y organizado mientras lo decora como desee es una excelente manera de conectarse con su fe y las posibilidades mágicas que puede brindar.

Un santuario también puede incluirse en una ofrenda a los dioses. Pasar tiempo frente a su santuario o altar para los dioses, ancestros o espíritus y meditar puede ayudarle a sentirse conectado con ellos.

Nuestra discusión anterior ha enfatizado la importancia de los pequeños detalles en su aventura nórdica. No nos es posible cazar un jabalí para sacrificarlo a Odín como los vikingos o nuestros ancestros paganos. Por lo tanto, hacer estas pequeñas ofrendas es una forma honorable de rendir homenaje a la historia de la tradición nórdica, incluso si no podemos hacerlo a gran escala.

Hay varias formas de mantenerse conectado y tener un momento extra para reflexionar sobre su viaje. Si tiene algo que hacer que cree que podría ser útil para otros, o si simplemente quiere compartir su historia o sus rituales diarios como pagano nórdico, puede compartirlos con el mundo. Crear una plataforma para contar su historia, ya sea en las redes sociales, un sitio web o un libro, puede ser una excelente manera de aprender de sus experiencias e inspirar a otros a lo largo del camino. Ser capaz de permanecer conectado fuera de esos momentos importantes de la vida es una de las disciplinas más desafiantes de esta fe.

Después de leer este capítulo sobre las tradiciones de la magia nórdica y sus usos en la sociedad moderna, ha dado uno de los pasos más importantes en su viaje mágico. No hay duda de que esto le ayudará a ampliar sus horizontes espirituales y tendrá una mejor comprensión de otras realidades espirituales, lo que, a su vez, lo ayudará a dar ese paso adelante, traspasar la valla y saltar gradualmente hacia las posibilidades de la magia nórdica.

Bonus: Lista de Runas y Su Simbolismo

En esta sección, encontrará una guía de referencia rápida de todas las runas del Futhark antiguo. Se enumeran los nombres de las runas, los Aetts a las que pertenecen y sus lugares correspondientes dentro de cada Aett. Puede volver a consultar esta página siempre que necesite un repaso sobre la pronunciación de los nombres de las runas o el significado de su Simbolismo Mágico.

Aettir (forma plural de aett) es el término utilizado para dividir las runas del Futhark antiguo en tres partes iguales. La división permite a los estudiantes estudiar de manera estructurada. Antes de pasar al siguiente paso, a muchas personas les gusta entender mejor el anterior. Los temas de cada Aett son diferentes, pero también hay algunos puntos en común. Si bien cada aett es singularmente único por sí solo, cada uno también representa luminosidad de una forma u otra. Los tres Aett tienen una runa que representa riqueza de alguna manera y al menos una que representa peligro.

El Primer Aett: El Aett de Freya

El primer Aett pertenece a Freya, la diosa nórdica de la belleza, la fertilidad y el amor. Esta colección de runas trata sobre el disfrute, el amor, las emociones, la felicidad y la presencia física. También se refiere a la creación, el crecimiento y los comienzos.

El Aett de Freya representa a la cuidadora, la madre, el granjero y el comerciante. También es el Aettir de primer grado, ya que representa el ciclo de la vida.

En Aett de Freyr, las runas representan lo que se necesita para vivir una vida plena, experimentar e interactuar con otros humanos y experimentar lo divino.

FEHU

ᚠ

Valor de Letra: F

Pronunciación en Español: "FÉ-hu"

Traducción: Ganado, prosperidad, propiedad, esperanza, felicidad, abundancia, riqueza y ganancia financiera.

Simbolismo Mágico: Alcanzar metas, suerte, nuevos comienzos, abundancia, éxito, suerte.

En la Práctica: Enfoca sus energías donde desee experimentar el mayor éxito en su vida, ya que representa abundancia, logros y prosperidad.

URUZ

ᚢ

Valor de Letra: U

Pronunciación en Español: "Ú-ruz"

Traducción: Buey salvaje, cambio inesperado, fuerza vital, indomabilidad, fortaleza, poder y buena salud física y mental.

Simbolismo Mágico: Comprensión, fuerza, velocidad, energía, coraje, dedicación, vitalidad.

En la Práctica: Uruz ayuda a dar forma al mundo que lo rodea. Puede guiarlo tanto física como mentalmente y puede referirse a muchos aspectos del cambio; podría significar que tendrá más fuerza o que su fuerza será desafiada. Uruz también se ocupa de su fortaleza pasada, de su salud y de sus acciones que regresan para atormentarlo.

THURISAZ

ᚦ

Valor de Letra: TH

Pronunciación en Español: "THÚR-i-saz"

Traducción: Gigante, dios del trueno, el relámpago, la espina, la precaución, la fuerza defensiva y la perturbación.

Simbolismo Mágico: Se concentra en deshacerse de lo negativo, la regeneración, la concentración y la autodisciplina.

En la Práctica: Thurisaz son las dos caras de la misma moneda: puede tratarse de protección, pero la misma fuerza que protege también puede destruir. El nombre proviene de "Thor", el dios del rayo, y sabemos por la leyenda que puede destruir tanto como puede crear.

ANSUZ

ᚨ

Valor de Letra: A

Pronunciación en Español: "ÁN-suz"

Traducción: El Padre de Todo, Odín y los demás dioses están representados por "A". Significa sabiduría, vida, comunión, boca, escucha y profecía.

Simbolismo Mágico: Liderazgo, comunicación, sabiduría, señales, salud.

En la Práctica: Ansuz está vinculado a Odín y los dioses ancestrales. Representa una comunicación sabia y una escucha bien intencionada, tanto a uno mismo como a los demás.

RAIDHO

ᚱ

Valor de Letra: R

Pronunciación en Español: "Ra-ÍD-ho"

Traducción: Viaje y cambio, descanso y ritmo, viaje, vagón, impulso, el panorama general.

Simbolismo Mágico: Genera cambio, protección para los viajeros, ritmo, facilita el cambio y la reconexión.

En la Práctica: Raidho es la contemplación de lograr algo y la disciplina para lograrlo. Esta runa es el poder de avanzar hacia nuestros destinos deseados.

KENAZ

ᚲ

Valor de Letra: K/C

Pronunciación en Español: "KÉN-az"

Traducción: Fuego, energía, antorcha o faro, luz, pasión, transformación y creación.

Simbolismo Mágico: Luz, motivación, regeneración, inspiración, regeneración.

En la Práctica: Como una antorcha, Kenaz ilumina el camino en la oscuridad. Kenaz es la energía controlada o llama ardiente que puede crear y transformar. Cuando mira dentro, puede encontrar a Kenaz, su ardiente pasión. Cuando se concentra en su pasión ardiente, puede mantener alejadas las influencias negativas.

GEBO

ᚷ

Valor de Letra: G

Pronunciación en Español: "GÉB-o"

Traducción: Unión, don, generosidad, intercambio, gratitud, dar y recibir, sacrificio (de uno mismo), perdonar y ofrecer.

Simbolismo Mágico: Equilibrio, suerte, fertilidad, asociación exitosa, generosidad.

En la Práctica: El hecho de dar o recibir un regalo está representado por Gebo. Deberíamos recibir un regalo tan bien como lo damos, y no debería haber expectativas sobre lo que estamos a punto de recibir o el papel de la otra persona en el proceso.

WUNJO

ᚹ

Valor de Letra: W

Pronunciación en Español: "WÚN-yo"

Traducción: Armonía, plenitud, alegría, bienestar, alineación, alegría, éxtasis y equilibrio.

Simbolismo Mágico: Felicidad, armonía, alegría, prosperidad, éxito, motivación.

En la Práctica: Wunjo representa el cumplimiento de metas. Siempre que estemos en armonía con nuestros objetivos y trabajemos juntos, prosperaremos y creceremos.

El Segundo Aett: El Aett de Hagal

El Segundo Aett, Hagal, representa las fuerzas que nos rodean. En la mayoría de los casos, estas no están gobernadas por la inteligencia, sino por las fuerzas de la naturaleza.

Hagal es un guerrero. Muestra un coraje y una tenacidad infinitos a pesar de las abrumadoras dificultades. Los componentes clave de este Aett son el dinero, los logros, el poder, las victorias y el éxito. Una fuerza fuera de nuestro control está presente en Hagal.

La neutralidad es su característica definitoria. Son las runas de Aett de Hagal las que hablan de sucesos inesperados en la vida, como interrupciones, cambios, progreso estancado y buena suerte imprevista. Nada dura para siempre, por eso nos ayudan a superar las partes más desafiantes de nuestras vidas.

HAGALAZ

ᚺ

Valor de Letra: H

Pronunciación en Español: "HÁ-ga-laz"

Traducción: Granizo, destrucción, dificultades repentinas, cambio violento de naturaleza y tardanza.

Simbolismo Mágico: Destructivo, clima peligroso, ruptura de patrones destructivos, ira de la naturaleza, fuerzas incontroladas.

En la Práctica: Hagalaz se trata de ser paciente e ingenioso para lo que se le presente. Puede haber obstáculos, desafíos y retrasos, y usted debe aceptar este retraso y esta interrupción, contento de que sea parte de su cambio y viaje.

NAUTHIZ

ᚾ

Valor de Letra: N

Pronunciación en Español: NÁUD-iz”

Traducción: Necesidad, angustia, deseo de triunfo, estancamiento y manifestación de cambio.

Simbolismo Mágico: Supervivencia, frustración, resistencia, obstáculos, determinación.

En la Práctica: Naudhiz es una manifestación de angustia, lucha y necesidad, pero también es una manifestación de superación de esos desafíos.

ISA

ᛁ

Valor de Letra: I

Pronunciación en Español: “Í-sa”

Traducción: Frío, invierno, hielo, cambio, impulso, quietud, retraso, espera, nuevos comienzos y pausas.

Simbolismo Mágico: Refuerzo de otros tipos de magia, hielo, obstáculos, bloqueos, congelamiento, reflexión.

En la Práctica: Isa es la calma antes de la tormenta, la quietud que surge del cambio en su vida. Cuando sentimos que estamos estancados, a menudo no es así, e Isa son nuestras viejas costumbres y hábitos que están arraigados en nuestra mente. Necesitamos el estancamiento para lograr el cambio.

JERA

ᛃ

Valor de Letra: J / Y

Pronunciación en Español: "YÉR-a"

Traducción: Ciclos, círculos, tiempo, movimiento, recompensas, valor, cosecha de lo sembrado y premio de nuestro esfuerzo.

Simbolismo Mágico: Fructificación, eliminación del estancamiento, crecimiento, cosecha, creación de cambio.

En la Práctica: La noche da paso al día. Hay nuevos ciclos a nuestro alrededor, como el amanecer después del anochecer. Ha comenzado un nuevo ciclo y, con Jera, será recompensado por su arduo trabajo.

EIHWAZ

ᛇ

Valor de Letra: E / I

Pronunciación en Español: "ÉI-waz"

Traducción: El gran tejo, larga vida, sabiduría, vida y muerte, sacrificio, nuevos comienzos y pasar a la siguiente etapa.

Simbolismo Mágico: Para facilitar una transición de vida, defensa, transformación, protección, provocación de cambio.

En la Práctica: Eihwaz simboliza el tejo, que representa la vida y la muerte. Esta muerte, sin embargo, no siempre es literal. Puede significar transiciones. Cerrar la puerta para permitir que otra se abra. Para avanzar hay que dejar el pasado en el pasado.

PERTHRO

ᛈ

Valor de Letra: P

Pronunciación en Español: "PÉR-thro"

Traducción: Lo que está por venir, misterios, lo oculto, secretos, el yo, lo que hay dentro, el destino y la invocación.

Simbolismo Mágico: Conocimiento de secretos, fertilidad, potenciación de uno mismo y de poderes, control de la incertidumbre.

En la Práctica: Perthro representa el Karma. Nuestra situación actual es el resultado de las acciones que nosotros o alguien más ha tomado en el pasado. Ayuda con la contemplación.

ALGIZ

ᛉ

Valor de Letra: Z

Pronunciación en Español: "ÁL-giz"

Traducción: Suerte, defensa, buenos augurios, alces, instinto y autoprotección, refugio seguro y la conexión con lo que es más que usted.

Simbolismo Mágico: Canalización de energía, escudo, protección, resguardo contra el mal, guardián.

En la Práctica: Algiz es una fuerza de protección. Puede ser una señal de que uno necesita buscar refugio. Algiz también es un presagio de suerte, fortalece la conciencia y brinda orientación a quienes la necesitan.

SOWILO

ᛊ

Valor de Letra: S

Pronunciación en Español: "So-WÍ-lo"

Traducción: Poder, espíritu, fuerza, salud y vitalidad, iluminación, energía, bondad, éxito y su crecimiento.

Simbolismo Mágico: Fuerza cósmica, energía, curación, fuerza, limpieza, éxito.

En la Práctica: Sowilo atraviesa la oscuridad y sus propias dudas, brindándole la oportunidad de crecer y cambiar, de expandirse y convertirse en la persona que sabe que puede ser. Puede encontrar su propósito y mirar hacia su objetivo final.

El Tercer Aett: El Aett de Tyr

Este tercer conjunto de runas aborda las fuerzas internas que encontramos a medida que recorremos el camino descrito en el Primer Aett y lidiamos con las fuerzas externas del Segundo Aett.

Como símbolo de victoria y protección, Tyr simboliza los valores morales, la justicia, los logros espirituales, la comprensión, la expiación, el establecimiento del orden y todos los asuntos relacionados con la autoridad y la política. Se centra en el desarrollo intelectual, la comprensión y el crecimiento espiritual.

Existen conexiones directas entre las runas del Aett de Tyr y las deidades antiguas, las fuerzas naturales y la humanidad misma, lo que ilustra aspectos de la danza entre los reinos visibles e invisibles.

TIWAZ

ᛏ

Valor de Letra: T

Pronunciación en Español: "TÍ-waz"

Traducción: El Dios Tyr, victoria, valentía, coraje, necesidad de justicia, honor y sacrificio por el bien mayor.

Simbolismo Mágico: Victoria, protección, voluntad reforzada, fuerza, curación de una herida, análisis.

En la Práctica: Tiwaz es un símbolo de enfrentar la oposición con valentía y es una influencia directa del dios nórdico de la guerra y el derramamiento de sangre, Tyr. Tiwaz significa fuerza y valentía.

BERKANA

ᛒ

Valor de Letra: B

Pronunciación en Español: "BÉR-ka-na"

Traducción: Nuevos comienzos y renacimiento, un cambio, nuevas fases en la vida, relaciones, proyectos, el abedul y los ciclos de la vida.

Simbolismo Mágico: Empezar de nuevo, aliento, deseo, sanación, regeneración, liberación.

En la Práctica: Berkano, que simboliza las transiciones de la vida, representa el crecimiento y un nuevo comienzo. Berkano nos recuerda que cada final trae un nuevo comienzo y cada fase trae sus propios desafíos y celebraciones.

EHWAZ

ᛖ

Valor de Letra: E

Pronunciación en Español: "É-waz"

Traducción: Asociación y cooperación, caballos, lealtad, avanzar, progreso y trabajadores juntos.

Simbolismo Mágico: Energía, poder, confianza, progreso, comunicación, progreso, cambio, transporte.

En la Práctica: Ehwaz representa un esfuerzo colaborativo para incitar al cambio y al progreso. La confianza y la lealtad son esenciales para las relaciones exitosas entre socios o entre las partes en conflicto de nosotros mismos.

MANNAZ

ᛗ

Valor de Letra: M

Pronunciación en Español: "MÁN-naz"

Traducción: Potencial divino y humano, sabiduría, inteligencia, razonamiento, tradiciones y hábitos, autodesarrollo, equilibrio y razón.

Simbolismo Mágico: Orden en la vida, inteligencia, pensamiento, habilidad, destreza, crear.

En la Práctica: Mannaz simboliza inteligencia, racionalidad y tradición. La búsqueda de un equilibrio perfecto en la vida es el autodesarrollo. La runa Mannaz puede ayudarlo a aumentar el pensamiento racional y controlar sus emociones.

LAGUZ

ᛚ

Valor de Letra: L

Pronunciación en Español: "LÁ-gud"

Traducción: Agua, intuición, flujo, limpieza, viaje interior, profundidad de la personalidad.

Simbolismo Mágico: Estabilización de emociones y agitación, mejora de las habilidades psíquicas, descubrimiento de la verdad y enfrentar los miedos.

En la Práctica: Toda la vida proviene del agua, que está representada por Laguz. Del mismo modo, el agua simboliza nuestro viaje emocional y el fluir de nuestra vida. A través de él, podemos afrontar el crecimiento difícil y la transición a través de las transiciones de la vida.

INGWAZ

Valor de Letra: NG

Pronunciación en Español: "ÍNG-waz"

Traducción: Sexualidad, fertilidad, autodesarrollo, energía, potencial, familia, antepasados y hacer las cosas en el momento adecuado.

Simbolismo Mágico: Fuerza, crecimiento, salud, equilibrio, conexión a tierra, conexión.

En la Práctica: La energía potencial está representada por Ingwaz. Un recordatorio de que las cosas no se pueden apresurar. La runa lo ayuda a prepararse para lo que está por venir, para que tenga la energía lista para ser transformado, lo que ayuda a su paciencia y construye su fuerza.

DAGAZ

Valor de Letra: D

Pronunciación en Español: "DÁ-gaz"

Traducción: Cambio inmediato, la luz venidera, la iluminación de los dioses, la superación personal, la inspiración, la sabiduría, el día.

Simbolismo Mágico: Claridad, positividad, despertar, conciencia, transformación.

En la Práctica: Una nueva era comienza con Dagaz, que representa la inspiración divina y el fin de una era. Si se deja llevar y disfruta de la belleza de la vida, encontrará a su musa a su alrededor.

OTHALA

ᛟ

Valor de Letra: O

Pronunciación en Español: "o-THÁ-la"

Traducción: Espíritu, sabiduría, inteligencia, talento, acogida, comunidad, personas, antepasados, edificios físicos y encontrar sus raíces.

Simbolismo Mágico: Influencia sobre posesiones, patrimonio, experiencia, ascendencia, herencia y valor.

En la Práctica: Tenemos un legado con Othala. Todos tenemos tanto lo material como lo espiritual a nuestro alrededor. OTHALA representa los bienes espirituales y materiales que hemos alcanzado. Debemos utilizar Othala para construir y hacer crecer mejor nuestras vidas.

Segunda Parte: Trolldom

Descubra la magia tradicional de Suecia, Noruega, Dinamarca y Finlandia

Introducción

El norte helado no parece el lugar más mágico de la Tierra, pero ahí es a donde se debe ir para descubrir la magia del *trolldom* y la mitología nórdica. Siempre ha sido un lugar implacable, con un clima duro y gente resistente, pero quizá sean estos hechos los que hacen que las costumbres nórdicas sean tan atractivas. Debían sobrevivir a su entorno y prosperar, así que los relatos que acompañaron su historia se hicieron cada vez más encantadores y se llenaron de héroes, heroínas, dioses, diosas y seres mágicos a los que necesitaban derrotar para salir victoriosos.

Estas historias son inspiradoras y emocionantes. Violentas y llenas de sangre, contienen todos los altibajos emocionales para mantener a la gente interesada y enganchada. Vamos a concentrarnos en las prácticas de los nórdicos y a encontrar la forma de conectar con estos pueblos ancestrales. Los rituales y pociones que utilizaban se han adaptado a los tiempos modernos y usted puede utilizarlos para crear su propia forma de magia. ¿Por qué necesita el *trolldom* o cualquier tipo de influencia mágica en su vida? Quizá no la necesite, pero ¿por qué no la querría? Amplíe su mente y sus conocimientos y prepárese para recibir las costumbres nórdicas en su vida.

Capítulo 1: Introducción al *trolldom*

Los troles suelen considerarse muñecos simpáticos de pelo fosforescente que se ponen en el escritorio y son divertidos de coleccionar. Aparecen en la cultura moderna y, gracias al género fantástico, han protagonizado muchas películas y libros. Desde las criaturas oscuras y malvadas que aparecen en las sagas de J.R.R. Tolkien hasta los simpáticos troles de Disney con cintas en el pelo, todos nos hemos encontrado con troles de una u otra forma, pero ¿qué sabemos realmente de ellos?

Son criaturas míticas que han aparecido en textos antiguos desde la época nórdica, pero probablemente existían mucho antes. El origen del nombre trol ha sido motivo de desacuerdo para muchos expertos; algunos de ellos creen que proviene de la palabra nórdica *jotunn*, que designaba a gigantes que habitaban el mundo antes de los albores de la humanidad. El *trolldom* del que vamos a hablar es una palabra germánica que significa brujería y las prácticas asociadas a esta forma particular de trabajar con hechizos.

Nos centraremos en las creencias escandinavas y germánicas en torno a los troles y su importancia para el *trolldom*. Uno de los cuentos escandinavos más conocidos en los que aparecen estas criaturas es el de *Las tres cabras macho Gruff*, en el que un temible trol vigila el puente que deben cruzar las tres cabras. Las cabras son de distintos tamaños y la más pequeña cruza primero el puente. El trol amenaza con comerse a la cabra pequeña, pero esta le dice que, si espera, pronto tendrá una comida más abundante y sustanciosa. El trol acepta y deja pasar a la cabra pequeña. La segunda cabra cruza y es detenida por el trol, que amenaza con comérsela. La segunda cabra le dice que vendrá una cabra más grande, lo que significará una comida más abundante para el trol. El trol accede y la deja pasar. Cuando la tercera cabra intenta cruzar el puente, se burla del trol y la reta a comérsela. Cuando el trol ataca, la cabra lo tira del puente con sus enormes cuernos y el trol es arrastrado por el río. El puente se vuelve seguro para todos y las tres cabras viven felices para siempre.

Este cuento con enseñanzas sobre la avaricia y ser feliz con lo que se tiene ha sido muy popular entre los niños desde que Hans Christian Anderson lo introdujo en el Reino Unido en 1859. Desde entonces, varios cuentos escandinavos y daneses han sido lectura obligada para los niños.

Algunos expertos creen que el trol formaba parte de la cultura prehistórica, debido a las pinturas rupestres y otras obras de arte de esa época, y que su recuerdo de los tiempos de los cromañones se filtró en el norte de Europa cuando el ser humano empezó a migrar por el mundo. Esta teoría no es compatible con la de los expertos que creen que los troles se originaron en Escandinavia porque, durante esa época, un gran glaciar cubría la zona que hoy se conoce como Escandinavia.

Esta teoría habla de los troles como parte del culto a los antepasados que prevalecía en los siglos X y XI, cuando los escandinavos creían en el poder de los muertos y animaban a sus ancestros a volver al mundo de los vivos y compartir sus poderes. Los creyentes se sentaban en túmulos para establecer contacto y comunicarse con los difuntos. Cuando el cristianismo se popularizó en Europa, se aprobaron leyes para prohibir estas prácticas, ya que se consideraban malignas y peligrosas.

Esta teoría también encaja con la cultura nórdica, en la que los troles eran considerados espíritus de los muertos que a menudo visitaban a los vivos para ayudarles o para vengarse de quienes les habían causado daño durante su estancia en la Tierra. Los troles de Escandinavia y Noruega son criaturas terroríficas que viven en montañas y bosques y son enormes, incluso gigantes, y trabajan con los elementos naturales que les rodean. Otros son más pequeños y viven en cuevas o guaridas subterráneas. Suelen tener el pelo sucio y descuidado, narices grandes y dientes afilados. Algunos incluso tienen varias cabezas y colas para que su aspecto sea más intimidante.

Trolldom

La magia asociada a las zonas escandinavas y noruegas sigue existiendo hoy en día y algunos nativos incluso afirman creer en la existencia de troles reales. Cuentan a sus hijos historias de estas criaturas legendarias que escapan de sus moradas naturales para buscar a los niños que se han portado mal y comérselos. En Islandia, hay una serie de trece troles, hijos del famoso Gryla, que visitan a los niños durante los trece días antes de Navidad y dejan un regalo a los buenos y verduras podridas a los traviesos. Se les conoce como los niños de Yule y se han convertido en parte de las atracciones turísticas de la zona nórdica.

La magia del *trolldom* se basa en la naturaleza y especialmente en el poder de la luz solar. Como la zona tiene periodos cortos de luz solar y la oscuridad es un estado constante la mayoría del tiempo, el poder de la energía solar es más significativo. Se ha comparado con la magia nórdica, los hechizos paganos, el trabajo de los *wiccanos* y los rituales y hechizos del *Hoodoo.* Todas estas prácticas se basan en ayudar a la gente y mejorar sus condiciones, aunque hay algunos rituales y hechizos que pueden causar daño. La magia es una elección personal, y el *trolldom* permite tomar aspectos de las prácticas nórdicas tradicionales y combinarlos con elementos de la magia popular afroamericana, inglesa y germánica para crear una práctica cultural única.

Hechizos del *trolldom*

Que el término «trabajo de raíz» sea usado para describir la magia da una idea más detallada de cuáles deben ser los resultados. Hechizos y pociones, rituales y conjuros se utilizan para llegar a la raíz de los problemas y sanarlos. ¿Qué le pasa a su vida amorosa o por qué su carrera está estancada? ¿Tiene mala suerte o necesita ayuda con asuntos legales? Hay algunas magias más generales que pueden usarse para alterar circunstancias que lo abarcan todo, mientras que otras se utilizan para tratar problemas más específicos.

Cuando los habitantes de las regiones nórdicas necesitaban ayuda, tenían muy pocas opciones. Vivían en pequeñas comunidades y dependían en gran medida de las prácticas mágicas de su cultura. Cuando sus cosechas se echaban a perder, o sus hijos enfermaban o desaparecían, parecía lógico recurrir a criaturas mitológicas para encontrar las razones por las que ocurrían esas cosas horribles. Hoy en día sabemos que las cosas ocurren debido a fuerzas que no podemos controlar mezcladas con influencias que resultan de nuestras acciones. O, como a algunos les gusta decir, «así es la vida». Pero imagine que su mundo estuviera tan restringido como para hacerlo creer que los troles y otras criaturas míticas influyen en lo que ocurre en su vida. ¿No sería aterrador? No es de extrañar que la magia y sus efectos tuvieran un papel tan significativo en la vida cotidiana. Hoy en día, el paganismo implica para los practicantes adaptarse a la naturaleza y sus maravillas con prácticas más modernas para volver a conectar con el mundo y recuperar del poder que parecen habernos arrebatado la religión, el gobierno y los tabúes sociales.

¿Por qué la magia nórdica es tan importante hoy en día?

Pensemos en cómo las religiones tradicionales y la sociedad dictan cómo debemos vivir. Hay normas e ideales estrictos que se deben cumplir y duros juicios para quienes no se adhieren a ellos. ¿Deberíamos estar obligados a vivir con normas y creencias tan exigentes? Cada vez más personas se oponen a esta tendencia y adoptan la idea de que está bien ser diferente. El inconformismo se está convirtiendo en la norma (¡qué irónico!), lo que incluye abrazar la magia y la mitología del pasado. La mitología nórdica es diferente: está llena de personajes imperfectos, con defectos. Cometían errores y eran castigados. Tenían vidas amorosas y relaciones inusuales, y tenían vidas llenas de drama, romance, amor, lujuria y guerra.

Las creencias y prácticas de los nórdicos no eran solo míticas, y se pueden encontrar en el pasado pruebas de que así vivían sus vidas. Se han encontrado reliquias, artefactos y pruebas físicas de su civilización que han sido adoptadas por practicantes modernos para demostrar su lealtad a las costumbres nórdicas. El *trolldom* forma parte del sistema de creencias basado en la magia relacionada con troles, elfos y enanos. Estos seres míticos desempeñaban un papel intrínseco en la vida de los dioses y diosas de la época e influían enormemente en sus vidas.

Este libro muestra cómo lanzar hechizos y hacer pociones que han trascendido la historia para formar parte de la magia que se realiza hoy en día. El conocimiento del *trolldom* proporciona una comprensión más profunda de cómo funcionan los ingredientes y los rituales para influir en el poder sobre la propia vida y la de los demás. Nos significa que la magia medieval sea menos efectiva que el trabajo moderno. De hecho, se considera más potente porque ha sobrevivido por mucho tiempo. La magia suele transmitirse, mejorarse, adaptarse y ampliarse de generación en generación.

Los problemas a los que nos enfrentamos hoy en día pueden parecer diferentes de los del pasado, ¡pero no lo son! Todos queremos una vida mejor, todos nos enfrentamos a fuerzas negativas y todos tenemos problemas de pareja. Utilice la magia *trolldom*, la de los elfos y los enanos para canalizar sus poderes y conseguir resultados positivos. A medida que desarrolle sus habilidades, comprenderá mejor el poder de la naturaleza y cómo aprovecharlo.

Imagine su vida llena de búsquedas y aventuras. Le esperan nuevos horizontes y destinos y la magia popular nórdica lo mantendrá a salvo y le garantizará el éxito. Practicando la magia con las velas, el sol, la luna, las hierbas, los cristales y las herramientas mágicas, se convertirá en un experto en magia popular nórdica y podrá gozar de sus beneficios. Lleve la cultura nórdica a su vida y celebre la magia que contiene. Las fiestas y celebraciones serán aún más especiales cuando abrace el *trolldom* y las costumbres nórdicas.

Símbolos y rituales

El símbolo *Valknut*[7]

La magia nórdica utiliza el poder de los símbolos para reforzar su potencia. La forma más fácil de empezar a trabajar con el *trolldom* es incorporar algunos símbolos nórdicos poderosos en su vida. Utilice estos ejemplos para decorar su casa o su espacio personal y familiarizarse con la magia nórdica y sus poderes.

- **El *Valknut*** es una representación prominente y poderosa del dios Odín. Consta de tres triángulos que forman nueve puntas rodeadas por un círculo. Las nueve puntas representan los nueve reinos de la mitología nórdica, mientras que el círculo representa la perpetuidad de la humanidad a través de la maternidad y el nacimiento.
- **Yggdrasil** es el gran árbol del mundo. Es un árbol gigante con raíces profundas que representa el universo y cómo todos estamos conectados. Las ramas conectan los nueve reinos y suministran el agua que salva vidas a través de sus ramas. En el fin del mundo, o *Ragnarök*, los dioses y sus enemigos lucharán hasta destruir toda la existencia. Habrá un hombre y una mujer escondidos en el tronco del Yggdrasil que emergerán y repoblarán el mundo.
- **El yelmo de Awe** es un símbolo de ocho lados rodeado por un círculo de criaturas con forma de dragón unidas por sus colas. Se dibujaba en la frente de los guerreros para protegerlos en la batalla. Hoy en día se utiliza como tatuaje para proteger o señalar que se es creyente de *Asatru*, la religión vikinga y nórdica.
- **El cuerno triple de Odín** es un símbolo formado por tres cuernos entrelazados que forman una figura sólida rodeada por un círculo de runas u hojas decorativas, según el diseño. La historia detrás de los cuernos viene del mito que cuenta la historia de dos enanos llamados Fjalar y Galar, que eran tan sabios que podían responder a cualquier pregunta del universo. Mataron al primer, ser conocido como Kvasir, y mezclaron su sangre con miel, una mezcla que sirvió para llenar tres cuernos, y bendijeron uno de ellos con el hidromiel de la poesía. Odín estaba desesperado por beber el hidromiel e hizo un pacto con el poderoso gigante Gunnloo para tomar un sorbo de cada cuerno durante tres días. Le engañó y se bebió todo el cuerno, tras lo cual se convirtió en águila y escapó. El símbolo representa la sabiduría y la inspiración poética.
- **El *Mjolnir*,** también conocido como el martillo de Thor, fue forjado por un enano. No era solo una herramienta o un arma. También se utilizaba para consagrar matrimonios y proporcionar

fertilidad a las parejas. Es un símbolo de fuerza y protección que fue utilizado por otras religiones junto con el símbolo tradicional de la cruz. Se representa con un símbolo decorativo en forma de martillo, a menudo con la cabeza hacia abajo.

- **La esvástica** era un símbolo vikingo/nórdico del que el nazismo abusó gravemente en los años treinta. Originalmente se utilizaba para traer prosperidad y orden a quienes experimentaban caos y angustia. Es uno de los amuletos más significativos en las creencias nórdicas, pero solo debe exhibirse en lugares en los que este conocimiento sea popular. Tenga en cuenta que la esvástica puede ser considerada ofensiva por algunos debido a su historia.
- **La cruz de trol** es un círculo con dos pequeños cuernos debajo. Está diseñada para proteger al portador de las prácticas oscuras de elfos, troles y enanos.
- **Los tres triángulos de Odín** son un tema recurrente en la simbología nórdica. Tienen múltiples significados y pueden utilizarse para representar lo siguiente:
- **Las tres raíces de Yggdrasil** y su conexión con los nueve reinos.
- **Los tres reinos** que existían antes de la creación de la Tierra y del tiempo del hombre en el plano físico. Había una tierra de fuego, una tierra de niebla y un espacio indistinto entre ambas.
- **Los tres nietos de Buri**, el primer dios de la mitología nórdica, que fue sacado de un bloque de hielo por una vaca mítica llamada Audhumla. Su hijo no tuvo mucha presencia en los relatos nórdicos, pero tuvo tres hijos llamados Odín, Vili y Ve. Se les atribuye haber dado vida y sentido a la humanidad y haber mejorado la existencia en la Tierra.
- **Las tres diosas del destino**. Cada una representa el pasado, el futuro y el presente.

Los símbolos nos rodean y afectan a nuestra vida cotidiana. Todo el mundo reconoce el arco dorado que representa a cierta hamburguesería y lo que significa el chulo en el costado de un par de zapatillas. Los publicistas y las grandes empresas no hacen más que comerciar con conocimientos ancestrales, lo que significa que un símbolo o signo puede ser más significativo que cien palabras. Las cosas que nos resultan familiares nos proporcionan consuelo, fuerza y protección, y los signos nórdicos funcionan de forma similar.

Llámelo como quiera, chamanismo, paganismo, *Asatru, wicca* o herejía; estas creencias y la magia asociada a ellas están renaciendo por una razón. Cada vez más personas se desilusionan de la vida moderna y recurren a métodos más tradicionales para enfrentar la vida. Troles, enanos, elfos y otros seres míticos pueden parecer irrelevantes, pero lo que representan no lo es. Representan un vínculo con un mundo que ha sido mermado por los aparatos electrónicos. Como todos sabemos, la tecnología se ha convertido en el eje de la sociedad y rige nuestra vida cotidiana. Aunque es asombrosa, puede llevar a que la sociedad ignore y dañe la naturaleza debido al desarrollo y uso de aparatos eléctricos para dirigir la existencia.

Paganismo es un término genérico que engloba creencias basadas en la naturaleza y atrae a personas que aman la Tierra y quieren preservarla. El número de adeptos está creciendo en Europa y América porque estas creencias son atractivas para la gente. Las formas sencillas y los vínculos con la Tierra honran el mundo en que vivimos y consideran iguales a todos los seres. No hay misoginia, racismo, juicio ni castigo en el paganismo, y esto incluye todas las formas de culto. Imagine que esa actitud se extendiera y nos convirtiéramos en un mundo que aceptara a todos y todas las creencias. ¿No sería increíble?

La magia en tiempos medievales

Antes de que apareciera el cristianismo, la magia formaba parte de la vida cotidiana y la gente común consultaba a «brujos», «hombres sabios» y otros miembros de la comunidad conocidos como «gente astuta», que influían en ámbitos concretos de su vida. Entre ellos se encontraban los *tempestarii,* una especie de magos conocidos por su capacidad de influenciar el clima. En épocas de sequía, realizaban rituales y conjuros para atraer la lluvia; y en épocas de inundaciones, pedían a los dioses un tiempo seco. No hay que subestimar la importancia de su influencia. El tiempo decidía si la comunidad iba a comer o a morir de hambre, ya que los cultivos eran la base de su alimentación.

Se buscaban hechizos y ungüentos para curar las enfermedades que aquejaban a la comunidad. Los lugareños buscaban ayuda para quitar maldiciones y atraer la buena suerte cuando era necesario. Estas prácticas solo se calificaron como brujería con la llegada del dominio cristiano a

Europa. El papa Inocencio III consideraba que las costumbres paganas eran diabólicas y malignas y creó una sociedad que perseguía a los herejes y los castigaba. Algunos grupos huyeron a Alemania y Saboya para escapar de esta campaña que buscaba abolir su religión, y estas regiones se convirtieron en el hogar de los cátaros y otros grupos paganos.

A medida que el cristianismo crecía, los principales teólogos de la época demonizaron a estos grupos y difundieron historias de que los cátaros y sus seguidores llevaban a cabo rituales de adoración al diablo llenos de sexo y conexiones con deidades malignas. Otros edictos de la Iglesia describían un mundo lleno de demonios malignos y fuerzas peligrosas que se dedicaban a tentar a los cristianos temerosos de Dios para que abandonaran el camino de la rectitud con promesas de sexo y rituales libertinos. Así comenzó la larga asociación de paganismo y sexo en la fe cristiana.

Esto no era divertido para los paganos, ya que la Iglesia estaba decidida a librar al mundo de la brujería y la adoración de demonios. Entrenaron a individuos seculares para usar cualquier método que pudieran para forzar a los paganos a confesar sus malas acciones y brujería. Así comenzó el periodo conocido como la Inquisición, que se tradujo en la persecución de personas que no seguían las creencias cristianas. Fue la época de los «juicios por brujería» y de las bárbaras torturas que favorecían las nuevas normas ortodoxas. La magia se convirtió en sinónimo de maldad y han tenido que pasar siglos para que eso cambie.

Por suerte, ahora somos una sociedad más tolerante que fomenta la magia, ahora bienvenida. Repasaremos las prácticas mágicas y explicaremos cómo utilizarlas hoy en día para vivir mejor.

Capítulo 2: La tradición cipriana

La magia ha existido durante muchas generaciones y ha evolucionado a través de los tiempos. Estos textos y manuscritos suelen denominarse grimorios, pero en la magia sueca existe un término más amenazante para referirse a los hechizos y tradiciones recopilados a lo largo de los tiempos. Los textos ciprianos no se refieren a un texto estándar, sino que son un término general utilizado para designar la colección de hechizos y obras autóctonas de la zona nórdica.

Estos manuscritos eran buscados por la gente común y los pastores para invocar seres mágicos y demonios, pero la mayoría de las versiones del libro negro eran conservadas por la «gente astuta», término utilizado para designar a los curanderos y sabios populares, que solían ser los miembros más ancianos de la comunidad encargados de curar y liberar del mal. Los libros formaban parte del folclore y sus propietarios solo podían transmitirlos a sus descendientes. Era imposible deshacerse de ellos por cualquier medio, ya que eran inmunes al fuego e impermeables al agua.

El autor fue un obispo y mártir que vivió en los primeros tiempos del cristianismo y fue hechicero antes de su conversión. Intentó embrujar a una santa, pero la fe lo venció cuando ella hizo la señal de la cruz sobre su cabeza. Esto lo liberó de sus ataduras diabólicas y lo convirtió al cristianismo. Esta descripción de Cipriano proviene de la Inglaterra del siglo XVII y se parece muy poco a las historias suecas de Cipriano.

Los suecos creen que era un personaje maligno originario de Noruega y consorte cercano del diablo. Según un relato, sus actos fueron tan atroces que el diablo lo expulsó del infierno. Cipriano se vengó escribiendo sus textos para compartir sus depravados secretos con todo aquel que quisiera practicarlos.

En Dinamarca, la historia de Cipriano es completamente distinta. El folclore habla de una monja mexicana que vivió una vida casta y piadosa antes de que el diablo se diera cuenta de su buen comportamiento. Capturó a la monja y la arrojó a una mazmorra a mediados del siglo XIV, donde se sintió tan angustiada que se arrancó el hábito y la ropa interior y escribió sus conocimientos mágicos en la tela. Estos textos se encontraron en el castillo después de su muerte.

Sea cual sea el nombre que prefiera, lo cierto es que se trata de un libro que hay que manejar con cuidado. Está repleto de hechizos y poderosos conjuros para invocar al diablo y otorga a quien lo usa inmensos poderes mágicos. Una fábula del folclore alemán narra la historia de un soldado ruso que se enfrentó a un grupo de demonios cuando empezó a leer los textos de Cipriano de su camarada.

El cuento del soldado

Mientras estaba sentado junto al fuego, un soldado ruso empezó a leer sin querer el texto que su amigo había dejado tirado en el suelo. Inmediatamente aparecieron unos demonios amenazantes que le exigieron que les encomendara una tarea. Por suerte, el soldado sabía que la única forma de deshacerse de los demonios era encomendarles una tarea que no pudieran cumplir, así que les dijo que llenaran todos los baños de la ciudad con agua transportada en un colador. Al cabo de un minuto, los demonios regresaron y le dijeron al soldado que habían completado la tarea.

Exigieron que les impusiera otra y él les dijo que fueran a ver al gobernador de la ciudad y derribaran su casa ladrillo a ladrillo sin que los habitantes se dieran cuenta y luego la reconstruyeran con el mismo diseño. Al cabo de un minuto, los demonios regresaron, le dijeron que habían terminado la hazaña y exigieron otra.

El soldado se quedó perplejo, pero pensó que tenía una tarea que no podrían completar. Les dijo que visitaran el río Volga y contaran cuántos granos de arena, cuántos peces y cuántas gotas de agua contenía el río desde su nacimiento hasta la desembocadura. Se fueron volando y volvieron rápidamente con las respuestas que les pedía. El soldado no podía pensar en otra tarea y los demonios se estaban inquietando; lo amenazaron de muerte si no les encomendaba otra tarea pronto.

El soldado se dio cuenta de que los espíritus no se le acercarían si tenía el libro en las manos. Agarró el libro y empezó a leerlo, pero los espíritus aumentaron y empezaron a presionarlo más. Pensó que, si leer el libro atraía a los espíritus, ¿qué pasaría si lo leía al revés? Procedió a leerlo del final al principio y pronto notó que los espíritus se desvanecían y abandonaban la zona. A medida que seguía leyendo, iban desapareciendo, hasta que se quedó solo con el libro. Cuando su camarada regresó, el soldado le contó lo sucedido y su camarada le felicitó por sus acciones. Le confirmó que, si hubiera seguido leyendo de la forma tradicional, los demonios le habrían consumido a la medianoche.

Los hechizos son una mezcla de remedios populares, conjuros y oraciones con conexiones mágicas. Algunos son tan sencillos como curar un esguince o realizar una adivinación. Dado que el texto es tan diverso, los conjuros incluidos constituyen una fascinante colección de creencias y prácticas mágicas nórdicas.

Para curar un esguince de pie

El encantamiento contiene un poema sobre Jesús y su viaje sobre un terreno rocoso montado en un caballo. El caballo tropezó y se torció una pata y Jesús desmontó y le curó la herida con sus manos sanadoras, rezando a Dios. El conjuro sugiere que el lector haga lo mismo y ponga su fe en Dios, Jesús y el Espíritu Santo.

Hechizo para lanzar una maldición

Un ritual escandinavo para lanzar una maldición a un enemigo se lleva a cabo con un trozo de papel, un bolígrafo y una cajita. El hechicero debe escribir en el papel el nombre de la persona a la que quiere maldecir y recitar un conjuro sobre el papel. El conjuro debe incluir detalles personales y la razón por la que se lanza la maldición. También debe contener cuál es la maldición, por ejemplo mala suerte, enfermedad o el fracaso de su relación, antes de guardar el papel dentro de la caja. Luego, se debe llevar la caja a un pozo o cavar un agujero en el jardín. Meter la caja en el agujero o lanzarla al pozo mientras se repite el conjuro utilizado al escribir el nombre de la persona. Finalmente, se debe dejar la zona y esperar los resultados.

Cómo quitar una maldición

¿Le abandonan constantemente en sus relaciones? ¿Ha perdido su trabajo sin motivo aparente? ¿Está luchando constantemente contra enfermedades o fluctuaciones de peso? Tal vez tiene un hechizo o una maldición sobre usted. Si cree que alguien le ha echado un maleficio, siga este hechizo para eliminarlo.

Lo que debe hacer es:

- Agarre un trozo de papel resistente o un pergamino de cera y escriba lo que sepa sobre el maleficio. ¿Quién pudo lanzarlo? ¿Cómo ha afectado su vida? Incluya todos los detalles que pueda.
- Añada tres cucharaditas de sal del Himalaya.
- Doble el papel hasta formar un bulto. Ate el extremo con un cordel.
- Haga un colgante con el papel y llévelo colgado del cuello durante tres días.
- Al cuarto día, desate el bulto y espolvoree la sal en agua corriente, preferiblemente de fuentes naturales como un río o la lluvia.
- Queme el papel y el cordel y entierre las cenizas.
- Ahora, lleve un cristal alrededor del cuello durante nueve días para curar los daños que el maleficio haya podido causar en su organismo.

Felicitaciones, ya está libre de maleficios y maldiciones.

Hechizos para el éxito

¿Qué es el éxito? ¿Más dinero, un trabajo mejor o una relación sana? El éxito significa algo diferente para cada persona y los hechizos de los libros negros de Escandinavia le ayudarán a mejorar su vida en general y a elevar su nivel de éxito de forma significativa.

Cree un talismán para llevarlo

Lo que necesita:

- Una vela morada.
- Una vela verde.
- Un símbolo personal o un talismán (puede utilizar una cruz, un cristal, una estrella o un símbolo de media luna, lo que signifique algo para usted).
- Una cadena.

Cree un espacio sagrado limpiándolo con salvia o agua bendita, luego coloque las dos velas, una frente a la otra. Encienda ambas velas y ubíquese entre ellas con su talismán en la mano derecha. Levante la vela morada con la mano derecha y camine lentamente hacia la vela verde. Coloque la vela morada junto a la verde y recite una frase que exprese su intención. Algo así como «Acojo y doy la bienvenida al éxito y la felicidad en mi vida», luego ate la cadena al talismán y balancéela entre las llamas.

Deje de balancearla cuando sienta que su talismán está cargado y deje que las velas se consuman de forma natural. Entierre la cera en el jardín y bendiga el espacio con una oración. Lleve el talismán siempre que sienta la necesidad de tener más suerte y éxito. Recuerde recargar esta energía mensualmente y aumentar su potencia aprovechando la luna llena para cargar el talismán con poderes mágicos adicionales.

Hechizo de suerte

Si se siente deprimido porque las cosas no van como usted quiere, no se preocupe. Puede cambiar eso con magia. Este hechizo es un ritual sencillo en el que se utilizan objetos domésticos. En el libro negro, muchos hechizos utilizan ingredientes sencillos de conseguir, porque los practicantes no tenían a disposición los recursos de hoy en día. Ahora, solo debemos consultar nuestros teléfonos inteligentes para acceder a todo tipo de ingredientes mágicos, pero no era así en esa época.

Lo que necesita:

- Vinagre, sidra de manzana y vino blanco (el tinto también servirá).
- Una representación de usted mismo, una foto, una joya personal o un mechón de pelo.

- Dos velas blancas.
- Sal marina (si es del Himalaya funcionará mejor).
- Un plato blanco.

Si sabe el día de la semana en que nació, realice el hechizo ese día. Si no lo sabe, hágalo el lunes para tener más suerte. Elija un momento en el que esté solo y no lo molesten.

Comience colocando las velas sobre una mesa o altar si tiene uno. Enciéndalas y cierre los ojos. Permanezca quieto y en silencio durante dos minutos.

Junte las manos e inclina la cabeza. Recite una frase que exprese sus necesidades: «Que el poder de este ritual me traiga éxito y suerte».

Coloque la representación de usted mismo en el plato blanco y mójelo con el vinagre. Espolvoree sal sobre el vinagre y ponga el plato delante de las velas. Sujete las velas hasta que la cera gotee y, a continuación, vuelva a colocarlas sobre la mesa.

Apague las velas y coloque representación en un lugar oscuro.

Espere una semana y saque el objeto de la oscuridad. Llévelo con usted dondequiera que vaya y será bendecido con éxito y suerte.

Hechizos de amor

La brujería y el *trolldom* consisten en cambiar su vida y hacerla mejor. Dar un impulso a su vida amorosa es una forma popular de usar hechizos y pociones, así que, si siente que le falta amor y lujuria, pruebe estos hechizos adaptados del libro negro a los tiempos modernos.

Lo que necesita:

- Dos velas, una blanca y una roja.
- Cinta roja.
- Dos pedazos de papel y un bolígrafo.
- Aceite de rosas.
- Un cojín o una tela roja o rosada.
- Un cenicero o un plato ignífugo.

Cree un espacio sagrado con una atmósfera tranquila y siéntese sobre la tela o el cojín. Coloque las dos velas y una sus bases con la cinta roja. Unja las velas con el aceite de rosas y escriba su nombre y el de la persona que desea en los dos trozos de papel.

Cuando las velas estén encendidas, pronuncie el conjuro. «Pido al universo una unión que sea amorosa y fuerte» o algo que refleje sus deseos. Encienda los dos trozos de papel y déjelos arder en el plato ignífugo. Deje que las velas se consuman de forma natural y, a continuación, saque las cenizas al exterior y láncelas al viento.

Repita el hechizo nueve veces para darle más fuerza y espere a que atraiga la atención de su pareja deseada. Este hechizo lo hará sentirse abierto al amor, aumentará la confianza en usted mismo y potenciará las fuerzas mágicas del amor.

Cómo fortalecer el amor que su pareja siente por usted

¿Tiene pareja, pero siente que la relación está desequilibrada? ¿Quiere subir la temperatura de su relación y asegurarse de que ambos sienten lo mismo? Realice este poderoso hechizo de amor para calentar las cosas con su pareja:

Lo que necesita:

- Dos velas rojas.
- Una cadena de plata.
- Aceite para hechizos de amor con aceite esencial de romero, rosa y vainilla.
- un palillo.

Cree su espacio sagrado y realice el hechizo cuando haya luna nueva. Con el palillo, grabe su nombre en una vela y el de su pareja en la otra. Envuélvalas con la cadena de plata y póngalas sobre una mesa o altar. Enciéndalas mientras recita este conjuro o uno que haya inventado usted mismo: «Este conjuro llamará a tu corazón para que se una al mío en el reino del amor. Mientras estas velas arden, se despeja el camino para que el amor florezca y crezca».

Traiga de vuelta a su vida un amor perdido

¿Por qué rompió con alguien a quien todavía quiere? Si uno de ustedes fue infiel o la ruptura fue causada por problemas significativos, entonces aléjese. Este hechizo es efectivo cuando se ha separado de alguien por razones que parecían importantes en el momento, pero que son ridículas.

Si las inseguridades y discusiones los separaron, pruebe este hechizo curativo para que las energías negativas desaparezcan:

Lo que necesita:

- Dos velas blancas grandes.
- Una vela morada.
- Aceite de menta.
- Salvia para quemar.
- Ina varita de incienso de rosa.

Limpie el espacio con humo de salvia y siéntese en él mientras medita. Recuerde todos los momentos agradables que pasó con su pareja, las risas y el amor que compartieron. Luego, imagine su futuro. Los dos envejeciendo y teniendo una familia o viajando por el mundo. Imagínese a usted mismo con su pareja envejeciendo y amándose en el futuro venidero.

Tome las dos velas blancas y nómbrelas, una con su nombre y la otra con el de su ex pareja. unja las velas con aceite de menta y encienda una diciendo: «Esta vela es mi esencia divina» y la otra diciendo: «Esta vela es la esencia divina de (inserte el nombre de su ex-pareja)».

Encienda la vela morada, Póngala frente a las dos velas blancas y deje que se consuma naturalmente. Cierre los ojos e imagine de nuevo un futuro lleno de amor y armonía. Ahora imagine que los conflictos que tenían desaparecen con el humo de la vela morada. Diga algo como: «No sabíamos que nuestro amor sufriría. No queríamos hacernos daño. Dejémoslo ir». Apague todas las velas y abandone el espacio.

Consejos de hechicería para principiantes

Puede que el libro negro esté dedicado a la magia escandinava de hace siglos, pero los temas que trata son igual de relevantes hoy en día. El amor, la suerte y el éxito son importantes, y a veces es necesario lanzar una maldición para vengarse. Lo principal es no hacer daño. Si lo hace, puede experimentar el poder del triple retorno. Esto significa que, si hace daño a alguien, se le devolverá el triple.

Use la magia para hacer el bien y traer cosas buenas a su vida. Siga estas sencillas reglas para que su brujería sea segura y eficaz.

- **Aprenda de varias fuentes**. La brujería es subjetiva y debe reflejar sus creencias, así que no siga las instrucciones rígidamente.

Tome las enseñanzas de otros y hágalas personales. Los principiantes pueden temer desviarse del camino en lo que respecta a los hechizos, pero si tiene cuidado y respeta el oficio, todo irá bien.

- **Escriba sus experiencias.** El libro negro o la tradición de Cipriano es el ejemplo perfecto de por qué los registros escritos son tan importantes. Sin registros, la brujería se habría extinguido hace generaciones. Cree un Libro de las sombras o su propio grimorio para registrar sus progresos y anotar su crecimiento.
- **Deje el miedo atrás.** No deje que el miedo lo frene; recuerde por qué hace magia. ¿Cómo se sintió cuando empezó a pensar en la magia? ¿Emocionado y lleno de asombro? Experimente y practique su arte con regularidad para que lo domine mejor y se convierta en parte de su vida cotidiana.
- **Experimente con el oficio.** Pruebe nuevas herramientas y prácticas que se ajusten a su personalidad. La brujería consiste en abrazar la naturaleza y probar ideas innovadoras. A medida que experimente, se sentirá atraído por ciertas partes del oficio, deje que esa atracción natural influya en sus elecciones y déjese llevar. Su yo interior rara vez se equivoca, así que confíe en su instinto y permítase experimentar con nuevas técnicas.
- **No se preocupe si no funciona.** No todo funcionará; el fracaso forma parte del proceso de aprendizaje. No se desanime por los hechizos que no funcionan. Pruebe ingredientes y técnicas alternativas. La práctica hace al maestro; ni siquiera los hechiceros más experimentados lo saben todo, pueden equivocarse.
- **No gaste demasiado en herramientas y altares.** Cuando vea a hechiceros y practicantes populares en las redes sociales, a menudo estarán rodeados de altares ornamentados y colecciones de accesorios. Es fácil sentirse abrumado y salir corriendo a comprar un montón de cosas, pero recuerde que tiene todo el tiempo del mundo para crear su colección. Las herramientas y varitas hechas en casa suelen ser más potentes y eficaces que las compradas en tiendas, así que tómese su tiempo y compre solo lo que le atraiga.

- **Únase a comunidades.** Hay muchos grupos y comunidades en línea para elegir y esto no significa que tenga que unirse a un aquelarre. Si le pone nervioso formar parte de un aquelarre, empiece con grupos afines que practiquen la *Wicca* u otros credos paganos. Lleva tiempo acostumbrarse a hablar libremente de brujería, así que elija un grupo con el que se sienta cómodo. Manténgase a salvo y consulte varios recursos antes de dar detalles en línea o en persona.
- **Acepte el cambio.** La brujería y la magia cambiarán su vida, eso es un hecho. No tenga miedo. La naturaleza y la magia trabajan juntas para conectarlo con el universo y mejorar su vida. Con frecuencia creemos que no somos dignos de las mejores cosas de la vida, así que tiene que sobreponerse a esos mandatos sociales y aceptar su destino.
- **Sea culturalmente apropiado.** Algunos practicantes hacen alarde de sus creencias y no piensan en los demás. No todo el mundo cree, y quienes no lo hacen están en su derecho. No se les debe imponer la brujería o el paganismo. No imponga sus ideas a los demás y no hable sin parar de su nuevo interés, a menos que esté seguro de que la otra persona está interesada y no se sentirá insultada u ofendida.

El libro negro contiene la brujería de una época en la que era normal consultar a la «gente astuta» para curar los males. Las prácticas modernas pueden adaptarse a partir de estas antiguas costumbres y adecuarse a la vida que llevamos hoy en día. La magia negra tiene mala fama, pero solo por culpa de los primeros cristianos. Estaban desesperados por alejar a la gente del paganismo y hacerles creer que era maligno. La mayoría de los expertos ahora reconocen que la línea que separa la magia blanca de la negra es muy delgada. La magia negra no es más que una interpretación diferente de la magia blanca. Si es respetuoso y cuidadoso, le funcionará.

Capítulo 3: El poder de las hierbas mágicas

Las hierbas son un elemento básico de la cocina y se puede conseguir fácilmente. Se han utilizado durante muchas generaciones como ingredientes para pociones curativas y remedios caseros. La mayoría de los medicamentos modernos buscan curar los síntomas y recurren a fármacos más potentes para tratar las causas de las enfermedades y los problemas subyacentes. Por supuesto, no hay que dejar de lado la medicina moderna, pero lo ideal es utilizar la herbolaria junto con los medicamentos para tratar las dolencias de forma más sana.

Los humanos tenemos organismos complicados que están sujetos al ataque de fuerzas que pretenden hacernos daño. Debemos repeler gérmenes, virus y otras fuerzas dañinas para mantener nuestros cuerpos saludables y combatir los peligros a los que nos enfrentamos diariamente. La herbología es el estudio de la combinación de ingredientes naturales para formar defensas fuertes contra estas fuerzas y hacernos más estables e inmunes a sus daños.

La herbología es una forma mágica de mantenerse a salvo y sentirse mejor. ¿Recuerda esos tés especiales o bebidas calientes que le preparaba su abuela para hacerlo sentir especial cuando estaba resfriado? ¿Quizá la receta familiar de una sopa especial cuando alguien estaba enfermo? Lo más probable es que las hierbas que incluían fueran añadidas por alguien que conocía su magia herbal y supiera combinarlas para hacer remedios mágicos transmitidos de generación en generación.

En esta sección se descubren las propiedades mágicas de las hierbas y cuándo deben utilizarse. Se cubren tres tipos específicos de magia y una lista de hierbas para aumentar la potencia de sus hechizos y remedios.

Hechizos de protección

Acacia

También conocida como robinia o mimosa, esta hierba crece en climas cálidos y se utiliza para ungir espacios sagrados y preparar baños curativos. Las hojas jóvenes y las flores son comestibles y pueden utilizarse en infusiones y pociones. Utilice esta hierba para romper maleficios o maldiciones y bendecir sus herramientas mágicas.

Violeta africana

La violeta crece en todas partes y es un ingrediente estupendo para preparar tés y jarabes, pero la violeta africana puede causar indigestión y solo debe utilizarse para proteger el hogar quemándola como incienso. Utilícela para alimentar los amuletos que lleve colgados del cuello.

Aliso

Esta hierba se encuentra en árboles que crecen cerca de las orillas de los ríos y lo que se usa son los amentos que cuelgan de las ramas. Está llena de proteínas y es astringente, por lo que se utiliza como un fuerte antiinflamatorio. También se utiliza para pociones de magia meteorológica e influir en la toma de decisiones. La hierba se asocia con la protección de los recién fallecidos y suele utilizarse en infusiones durante funerales.

Aloe Vera

Esta planta crece silvestre en lugares tropicales y áridos, pero puede adquirirse en muchas formas en lugares adecuados. Se utiliza con fines medicinales desde hace más de 6.000 años. Añada las hojas a las ensaladas o utilice el gel para mejorar las infusiones o como aderezo para salsas. También en los supermercados puede comprar agua con aloe, que ayuda a equilibrar el calor corporal cuando sube la fiebre.

Raíz de altea

Esta poderosa hierba crece cerca de lagos y pantanos y también se conoce como raíz de malvavisco. Se puede consumir cruda para aliviar la tos y los resfriados o remojar en agua para hacer una infusión que cura la sequedad bucal y protege contra las úlceras. Se utiliza como cataplasma para tratar quemaduras y heridas o calmar irritaciones cutáneas.

Angelica

Esta hierba decorativa, que es muy resistente y se encuentra en los climas más fríos, tiene múltiples propiedades curativas. Protege el organismo de las toxinas y aumenta la circulación sanguínea. Se ha utilizado durante siglos para tratar problemas en la menstruación y a menudo se le llama *ginseng* femenino. Su nombre procede de la historia de un monje que recibió la hierba de los cielos para tratar a los enfermos de peste. Se utiliza para aromatizar comidas y bebidas, ya que tiene un sabor y aroma a almizcle ahumado.

Albahaca

Albahaca[9]

Esta hierba común puede cultivarse en todas partes, hasta la maceta más pequeña producirá una cantidad saludable. Utilícela para ahuyentar a los espíritus hostiles y espolvoréela en su baño para obtener un escudo protector mágico. Añádala al final de la cocción para mantener la hierba fresca y hacerla más eficaz. En Europa, la albahaca se utiliza para hacer agua bendita que se utiliza en las iglesias debido a sus cualidades protectoras.

Bergamota

La bergamota silvestre se encuentra en Norteamérica y se utiliza en jardines para atraer mariposas y abejas. Reduce el colesterol y alivia el estrés. Utilice esta hierba en su forma natural o el aceite esencial para aromatizar tés y pociones. Añádala a sus remedios para aliviar el dolor articular y aumentar la agudeza mental. El aceite de bergamota utilizado en aromaterapia es una potente forma de aliviar la ansiedad y evitar el estrés.

Cohosh negro

La cimicifuga racemosa, una hierba del bosque originaria de Norteamérica, se utiliza para aliviar los síntomas femeninos relacionados con el estrógeno, como los sudores nocturnos, los sofocos y otras afecciones menopáusicas y menstruales. También alivia los dolores de cabeza y es una gran ayuda para la función digestiva. Utilícela en infusiones o pociones o tómela en cápsulas.

Pimienta negra

Este condimento común también es un poderoso ingrediente mágico. Póngale sal y espárzala por la casa como protección o para sazonar la comida. Queme pimienta negra para hacer un poderoso sahumerio o úsela como incienso para limpiar la casa de energías negativas.

Eupatoria

Cultivada en Norteamérica, es una hierba poco conocida de la familia de las magnoliáceas. Los nativos norteamericanos la han utilizado durante generaciones para tratar afecciones respiratorias y aliviar la fiebre. Mézclela con hojas de menta y hierba de saúco para preparar un té que lo proteja de alergias, virus y resfriados. Reforzará su inmunidad y fortalecerá sus huesos.

Bardana

Cultivada en Europa y Asia, esta hierba es una fuente de antioxidantes y elimina las toxinas de la sangre. Es rica en fibra y ayuda a regular la tensión arterial y la digestión. Las propiedades naturales de la bardana ayudan al buen funcionamiento del hígado y favorecen una piel impecable. Puede añadirse a alimentos y bebidas en forma seca y sus raíces pueden comerse crudas.

Calaminta

La calaminta, que crece en las regiones templadas de Europa, despeja las infecciones de las vías respiratorias y detiene los calambres digestivos y las convulsiones. Es eficaz para el alivio de la congestión y se pueden utilizar las flores, los tallos y las hojas en función de las necesidades. Utilícela en infusión o para aromatizar alimentos.

Comino

Esta hierba se encuentra en Asia, Europa y África y es pariente de la zanahoria. En la antigüedad, los herbolarios utilizaban las semillas para aliviar los gases digestivos y como tónico general para la digestión.

Menta de gato

Esta hierba aromática se encuentra en Europa central y se ha utilizado en la preparación de alimentos durante generaciones. Sus hojas son ideales para infusiones y también para añadir a vinos tónicos y otros licores. Mezcle las hojas en su ensalada para obtener una sabrosa forma de conciliar el sueño o calmar los nervios.

Chía

Uno de los «superalimentos» más modernos, las semillas de chía se han utilizado en herbología durante generaciones. Cómalas en ensaladas para nutrirse o utilice sus propiedades mágicas para protegerse de chismes y calumnias.

Cebollín

Otra hierba común que tiene fuertes propiedades protectoras. Se utilizaba en exorcismos y destierros para mantener a los sujetos poseídos a salvo del mal. Aproveche estas propiedades y añada cebollín a su dieta y a sus pociones mágicas.

Potentilla

Esta hierba es prolífica en Europa y crece fácilmente en la mayoría de los jardines. Se utiliza para tratar hinchazones en la boca, ampollas y úlceras. Es un potente laxante y, en infusión, se utiliza para tratar los resfriados y la gripe reduciendo la inflamación. Usada externamente, reduce la molestia de las picaduras de insectos, las heridas y el acné. Se machacan las raíces y las flores, se añaden a una jarra de vodka y se dejan en un lugar oscuro durante diez días. Filtre el líquido a través de un paño y utilícelo como suplemento diario para reforzar su sistema inmunitario. Esta poción es más potente que el té, así que una cucharadita al día es suficiente.

Clavo

Procedente de Asia y Sudamérica, el clavo ayuda a disipar la negatividad y a acabar con los chismes. Es un método eficaz para aliviar el dolor y se ha utilizado para el dolor de muelas durante miles de años. Añádalo a platos de carne y curry para promover la salud y la protección en su sistema inmunitario.

Consuelda

Es una hierba prolífica que se encuentra en la mayoría de los ambientes. Es eficaz para curar problemas cutáneos y también se utiliza como relajante muscular. Sus usos mágicos incluyen la protección en los viajes; una bolsita en el equipaje lo protegerá de robos y otros problemas.

Bocado del diablo

Es una hierba rara procedente de Europa que aporta amor y protección y aumenta las posibilidades de romance. Utilícela en infusión o tintura para tratar contusiones y heridas. Según el folclore tradicional, su aspecto es como si le hubieran arrancado la cabeza a mordiscos porque el diablo estaba tan celoso de las propiedades mágicas de la planta, que quiso privar a la humanidad de sus virtudes.

Garra del diablo

Originaria de Sudamérica, esta hierba se asemeja a una mano nudosa en forma de garfio, de ahí su siniestro nombre. Se utiliza para tratar la gota y otros problemas inflamatorios y, en la magia, es un poderoso ingrediente protector. Cuelgue bolsitas en su casa para mantenerse a salvo de los malos espíritus.

Cornejo florido

Esta hierba es una forma muy poderosa de proteger los diarios. Úsela para proteger su libro de sombras o grimorios.

Sauco

El sauco es una planta prolífica que se encuentra en la mayoría de los climas y es la fuente de la hierba de saúco, especialmente eficaz para tratar los resfriados y la gripe. En pociones, protege de las infecciones víricas y refuerza el sistema inmunitario. El sauco molido ayuda a curar la gota y otros dolores articulares.

Eucalipto

Esta hierba procede de Australia y Tasmania e incluye más de quinientas especies de plantas. Puede utilizarse por vía tópica para tratar el acné y afecciones cutáneas y es un bálsamo cicatrizante para quemaduras y otras heridas. La inhalación del aceite ayuda en problemas respiratorios y favorece la relajación. Nunca debe consumirse fresca, pero las hojas secas pueden usarse en infusión para disminuir la tensión arterial y aliviar la ansiedad y el estrés. El aceite de eucalipto es un repelente natural para insectos y puede utilizarse para mantener la casa libre de bichos.

Hinojo

Originaria de Europa, esta resistente hierba perenne se encuentra ahora en todo el mundo. Pertenece a la familia de las zanahorias y es muy sabrosa. Las semillas pueden añadirse a pociones para aportar propiedades antibacterianas y nutritivas. También se pueden utilizar para preparar un té que ayuda a aliviar la anemia, el estreñimiento y los soplos. Es delicioso asado y servido como guarnición.

Higuerilla

Presente en todo el hemisferio norte, la higuerilla se ha utilizado en la medicina herbal durante generaciones y es un poderoso ingrediente de esta ciencia. Cientos de especies diferentes se utilizan para tratar afecciones cutáneas como la psoriasis y el eczema. Puede añadirse a pociones para estimular el corazón y actúa como laxante. Si padece alguna enfermedad cardiaca, evite esta hierba, ya que puede empeorarla y afectar al ritmo del corazón.

Erigeron

Esta práctica planta, una flor silvestre medicinal común, puede utilizarse para tratar enfermedades urogenitales como la gonorrea y las infecciones del tracto urinario. Su prima mexicana puede utilizarse para tratar el dolor de muelas y otros problemas bucales. En pociones mágicas, es una fuente de protección contra la energía negativa y se utiliza en exorcismos.

Galangal

Perteneciente a la familia del jengibre, el galangal se encuentra en Asia y es un ingrediente básico de la cocina tailandesa. En la medicina tradicional, se utiliza para tratar la disentería, las afecciones cutáneas y el mal aliento. Aumenta el número de espermatozoides y se utiliza en pociones para potenciar la fertilidad.

Ajo

El ajo, un ingrediente básico en la mayoría de las cocinas, es a la vez práctico y una de las plantas más mágicas que existen. Es famoso por repeler a los vampiros y por purificar espacios y objetos. Úselo para proteger su hogar y sus espacios sagrados y llévelo con usted cuando se sienta expuesto a la negatividad de otras personas.

Jengibre

Otro ingrediente común en las cocinas que puede añadir a sus pociones para aportar buena salud y protección. El jengibre seco puede añadirse a las bolsas de mojo para aumentar su potencia mágica.

Ginseng

Aunque es originario del sur de China, muchas variedades de *ginseng* están ahora disponibles en los EE. UU. y se pueden utilizar en la magia para mejorar la potencia y el rendimiento sexual. Ayuda a la memoria y favorece las conexiones mágicas, mejorando las fuerzas cognitivas. Medicinalmente, también ralentiza el metabolismo y potencia las células para luchar contra las infecciones.

Brezo

Tradicionalmente utilizado por los gitanos para atraer la buena suerte y la fortuna, el brezo es una planta común con propiedades mágicas. Queme una varita de brezo y helecho para atraer la lluvia y cuélguela en su casa para atraer la paz y la armonía. Llévelo encima para protegerse de agresiones y delitos sexuales.

Enebro

Esta planta mágica es uno de los árboles más antiguos de la Tierra. Se encuentra en todos los continentes y sobrevive a los climas más duros y a la falta de agua. Representa la sabiduría y la perseverancia y puede elevar las vibraciones y abrir el tercer chakra si se utiliza como un sahumerio. Lleve las bayas para protegerse mientras viaja y úselas en un baño para atraer el amor y nuevas relaciones.

Zapatilla de dama

Estas resistentes orquídeas, que se encuentran en todo el hemisferio norte, se añaden a pociones para favorecer el sueño. Es bastante cara y solo debería incluirla en su colección de hierbas si tiene dificultades para dormir.

Lavanda

Otra hierba común. Se dice que quemar lavanda es una forma poderosa de promover auras de descanso. Queme las flores y esparza las cenizas para traer la paz a una zona determinada.

Mandrágora

Otra hierba tradicional utilizada durante siglos, la mandrágora, se encuentra en el sur de Europa y el norte de África. Sus raíces se asemejan a los genitales humanos y ayudan a atraer a nuevas parejas sexuales. Coloque una raíz de mandrágora bajo la almohada para favorecer la fertilidad y la concepción. El aceite de mandrágora se utiliza para ungir velas y aumentar su potencia.

María dorada

Esta flor común de jardín debe añadirse a los baños para aportar confianza y protección mientras se duerme.

Raíz de malvavisco

Se trata de una raíz resbaladiza utilizada por sus propiedades medicinales durante generaciones. Calma la inflamación y, en pociones, ayuda a curar resfriados y dolores de garganta. Es originaria de África, pero puede encontrarse en herbolarios de todo el mundo. Los antiguos griegos utilizaban la raíz de malvavisco para crear un bálsamo contra las picaduras de insectos, mientras que los romanos la empleaban como laxante.

Menta

Fácil de cultivar e increíblemente poderosa, la menta es una hierba protectora que puede añadirse a la mayoría de platos e infusiones para crear una sabrosa fuerza mágica.

Nuez moscada

Otro alimento básico en la cocina; puede espolvorearse sobre velas verdes en hechizos para conseguir dinero o prosperidad. Protege al portador cuando se utiliza para hacer amuletos o se añade a bolsas de mojo.

Raíz de orris

Esta planta híbrida se utiliza en perfumes y esencias, pero en magia es más conocida por su poder de atracción. Atrae toxinas tanto física como espiritualmente y también se utiliza para fomentar el trabajo onírico y los poderes adivinatorios. Tiene poderosas conexiones con las artes femeninas y se utiliza como hierba de atracción en rituales relacionados con la pasión y el romance. Desde el punto de vista medicinal, estimula el sistema nervioso y es eficaz para la salud bucal.

Pimpinela

Con varias especies en esta familia, esta brillante flor escarlata crece silvestre y puede recolectarse fácilmente. Tiene fama de narcótica, pero la pimpinela silvestre no contiene nada que altere el estado de ánimo. Las hojas secas preparadas en infusión proporcionan un alivio carminativo para los soplos y ayudan en cualquier otro problema digestivo.

Trébol rojo

Originaria de Europa, la planta se ha naturalizado en la mayoría de las regiones y puede encontrarse en casi todos los países. Se utiliza para tratar afecciones cutáneas y menstruales y para purificar el hígado y el aparato digestivo. En magia, también se utiliza para purificar espacios, sobre todo cuando se usa como incienso. La infusión de trébol rojo estimula el cerebro y reduce la ansiedad; si se le añade menta e hibisco, aporta mayor sabiduría.

Serbal

Conocido como el árbol sagrado de las brujas, el serbal ha figurado en rituales y prácticas mágicas desde la época de los druidas. En la mitología nórdica, la primera mujer se hizo con la corteza del serbal, y es la madera preferida para crear talismanes mágicos y runas. Se planta en los cementerios para proteger a los muertos y sus bayas se utilizan en hechizos de protección. Contiene ácidos ligeramente tóxicos, por lo que debe cocinarse antes de digerirse.

Ruda

Esta hierba, que se encuentra en el Mediterráneo, es conocida como la reina de las hierbas. Se utiliza en magia para proteger del mal y eliminar maldiciones y maleficios. Se añade a pociones de purificación y a baños de limpieza espiritual. Mezclada con sándalo y lavanda, se utiliza en inciensos para enamorados.

Sándalo

Otra hierba común que debe esparcirse por la casa para proteger y purificar el espacio. Se utiliza en rituales de exorcismo y ayuda a desterrar la negatividad y el mal.

Hierbabuena

Utilice hojas o aceite de hierbabuena en un baño para obtener fuerza, vitalidad y protección.

Hipérico

Esta prolífica flor silvestre se ha utilizado en magia desde la Edad Media para proteger los hogares de los malos espíritus y las brujas. Hoy en día, se sabe que es una forma saludable de levantar el ánimo y aliviar las tendencias adictivas. Utilícela en purificaciones o pociones caseras para mantener el cuerpo sano y descansado.

Cardo

El cardo común es espinoso y puede irritar la piel. Utilícelo con cuidado para preparar infusiones protectoras o cuélguelo en casa para alejar la negatividad.

Avellana de bruja

Esta planta, que se encuentra en Norteamérica, Japón y China, es un fuerte astringente y se utiliza para limpiar heridas y calmar picaduras. Los hechizos *wiccanos* incluyen avellana de bruja para equilibrar las emociones y purgar la mente de energías problemáticas.

Estas hierbas y plantas dan una base con la que trabajar, ya que siempre es necesaria la protección cuando se realiza brujería. Se añaden otros elementos para dar sentido a las pociones y hechizos y crear una mezcla de propiedades mágicas para mejorar sus conocimientos.

Las siguientes hierbas individuales señalarán su intención y aportarán fuerza y poder a sus trabajos:

Amor, pasión, sexo y romance

Raíces de Adán y Eva

Originarias de Norteamérica, estas raíces tienen diferentes formas que se asemejan a los genitales masculinos y femeninos. En los hechizos tradicionales, el hombre toma la raíz femenina y la mujer toma la raíz masculina para atraer a miembros del otro sexo. Por supuesto, la magia moderna funciona igual de bien en relaciones homosexuales y polígamas, así que basta con adaptar el ritual a las necesidades de las personas implicadas. Lleve ambas raíces en una bolsa mágica para atraer una proposición o un nuevo amor.

Cohosh negro

Esta planta común aporta elementos naturales que favorecen el sueño y la fertilidad. Puede comprarse seca en herbolarios y utilizarse para preparar infusiones y aumentar las posibilidades de atraer el amor.

Alcaravea

Estas semillas se encuentran a menudo en pasteles, pero en magia se utilizan para atar a los amantes a impedir que se alejen o le engañen.

Cardamomo

Procedente de la India y los subcontinentes, esta sabrosa hierba se utiliza en el curry y otros platos picantes. En magia, es un poderoso ingrediente para el amor y la lujuria. Colocada en una bolsa con otros objetos relacionados con Venus, atrae el amor y la pasión.

Manzanilla

Prepare un baño reparador para prepararse para un nuevo amor y una mayor potencia.

Guindilla

También conocida como cayena, es otro ingrediente básico que puede encontrarse en el armario de la cocina. Esta hierba picante es un ingrediente infalible que añade calor a su vida amorosa y rompe maleficios. Añádala a sus comidas o úsela en sus pociones para añadir picante y hacer que sus músculos del amor se ejerciten.

Helenio

Pertenece a la familia del girasol, es originaria de Eurasia y es una planta poderosa en la magia para atraer el amor. Se utilizaba en la antigua Grecia como tónico que enriquecía la sangre y ayudaba al buen funcionamiento del corazón.

Onagra

Los nativos americanos han utilizado esta flor silvestre norteamericana durante generaciones para hacer magia. Utilícela en baños para revelar su belleza interior o en hechizos para promover el éxito y la consecución de objetivos. Como florece de noche, funciona bien con hechizos relacionados con la magia lunar y la diosa Diana.

Laurel

Originaria de Asia Menor, utilice esta hierba para decorar su altar, potenciar los sueños psíquicos y revelar el nombre de su amor verdadero. Para mantener un amor, ambos deben visitar un árbol de laurel, elegir una hoja y partirla en dos. Si cada uno se queda con su mitad de la hoja, ninguno de los dos sentirá la tentación de alejarse.

Apio

Utilícelo en el baño para aumentar su atractivo natural y atraer posibles parejas con su energía.

Marjorana

Otra hierba básica en la cocina; basta con añadir unas cuantas hojas para potenciar cualquier hechizo de amor o simplemente ponerla en la comida.

Mirto

Una de las hierbas del amor más poderosas, se ha utilizado durante generaciones para decorar las coronas de los novios y para adornar los altares matrimoniales. Se dice que en la antigua Grecia era el nombre que se daba a los genitales femeninos. Utilícela fresca o en forma de aceite para potenciar los hechizos de amor, para la intimidad y para reforzar los vínculos.

Perejil

Este ingrediente básico de cocina puede llevarse en el zapato para ser más atractivo a los demás.

Vinca

Cultivada en Madagascar, esta bonita flor es esencial en hechizos y pociones de amor. Queme las hojas secas antes de mantener relaciones sexuales con su pareja para intensificar la experiencia.

Quassia

Originaria de Sudamérica, es una hierba saludable utilizada en fitoterapia, pero en magia se utiliza para conservar las relaciones. Simplemente agarre un mechón de su pelo y añada uno de su amante, quémelos con unas astillas de quassia y guarde las cenizas para preservar el amor.

Azafrán

Esta costosa y maravillosa especia puede utilizarse para que el plato más soso tenga un aspecto y un sabor increíbles. En magia, una pizca de azafrán hará lo mismo con sus pociones y hechizos, sobre todo cuando conjure la pasión y el amor.

Sésamo

Otra hierba común que se añade a los hechizos para atraer la lujuria y el éxito.

Semillas de cumarú

Ingrediente popular en la magia *Hoodoo,* las semillas de cumarú se utilizan para atraer el amor y la pasión.

Ylang-ylang

Utilice el aceite esencial de esta plata para potenciar sus hechizos sexuales y llevar el poder de la magia de las hadas a su trabajo.

Hechizos de abundancia

Albahaca

Se utiliza para crear nuevas oportunidades de éxito financiero. Añádala a sus hechizos para obtener abundancia y, cuando limpie su espacio sagrado, añada hojas de albahaca al agua caliente para obtener prosperidad.

Consuelda

Esta hierba mágica se encuentra comúnmente en estado salvaje y se utiliza a menudo para tratar afecciones de la piel. Aporta fuerza a los hechizos relacionados con bienes inmuebles o propiedades en términos mágicos. Lleve un poco con usted cuando viaje para mantenerse a salvo a usted y a sus pertenencias.

Fenogreco

Queme las hojas secas para atraer dinero y fertilidad. Colóquelas en un tarro con hierbas protectoras y añada una pequeña cantidad cada día. A medida que el tarro se llene, también lo hará su cuenta bancaria.

Alcea

Debe cultivar este impresionante arbusto cerca de su casa para atraer la riqueza y la prosperidad hacia usted y los demás ocupantes.

Musgo de Irlanda

Se trata de un alga roja que crece en las rocas de la parte atlántica de Europa y es un ingrediente muy útil en los hechizos de abundancia.

Lágrimas de Job

Esta hierba asiática se utiliza en magia para atraer la suerte a la hora de encontrar empleo y ganar dinero. Utilícela en bolsas de la suerte y atraiga la buena fortuna a sus hechizos.

Tomillo

Añádalo a un baño para atraer la suerte, la prosperidad y un flujo constante de dinero a su hogar.

Obviamente, esta lista contiene solo algunas de las hierbas y plantas que puede usar para sus trabajos. Como en la cocina tradicional, cada vez que encuentre un nuevo ingrediente, se sentirá tentado a añadirlo a sus hechizos. Además, encontrará sus hierbas y plantas favoritas y podrá añadir a cualquier mezcla para hacerla personal.

La herbología es un campo de aprendizaje interminable, pero no deje que eso le haga sentir abrumado. Es divertida, siempre que investigue bien y evite los ingredientes venenosos. Manténgase a salvo y disfrute de sus experimentos con hierbas.

Capítulo 4: Magia de caldero

La palabra caldero evoca la imagen de una vieja bruja retorcida que carcajea mientras remueve sus pociones en una gran olla de metal sobre una llama abierta. Aunque esta imagen puede haber sido cierta hace siglos, la mayoría de las brujas modernas reconocen la necesidad de adaptarse a los tiempos y utilizan ollas más modernas para preparar sus pociones. Es importante recordar que el material de su caldero u olla puede dificultar su cuidado.

Los calderos de hierro fundido pueden ser difíciles de mantener limpios, aunque tengan el aspecto adecuado. Algunas hierbas también reaccionan mal al hierro y esto puede hacer que una poción se estropee o cause daño al recipiente. Afortunadamente, hay materiales más modernos y más adecuados para la elaboración de pociones, así que veamos los materiales disponibles:

Hierro fundido

Los calderos de hierro fundido se usan tradicionalmente[10]

Las ollas tradicionales tienen un aspecto estupendo, hacen que los hechizos parezcan más auténticos y son estupendas si las utiliza solo para quemar incienso o hierbas con fines de limpieza. Puede comprar un modelo relativamente barato en línea o buscar en tiendas de segunda mano una olla de hierro más tradicional. Los hornos holandeses son otra forma de convertir los utensilios de cocina modernos en herramientas para la brujería y son fáciles de conseguir. Recuerde que la limpieza de su caldero es esencial y los modelos de hierro pueden requerir más trabajo.

Cerámica

Los calderos de cerámica son bonitos, más ligeros y más fáciles de limpiar. Quedan muy bien en los estantes de la cocina y puede comprarlos con decoraciones únicas para hacer su trabajo más personalizado. Los modelos de cerámica suelen ser menos caros que las ollas de metal y puede comprarlos fácilmente en la mayoría de las tiendas. No olvide que hay ollas de cerámica de todas las formas y tamaños e incluso una taza de té puede utilizarse para pequeñas pociones o para quemar inciensos. Las verdaderas brujas se preocupan más por el resultado final que por la estética de sus utensilios.

Vidrio

Se trata de un material controvertido para algunas brujas, pero muchas están empezando a apreciar el valor estético de los calderos de cristal. La maravilla de ver cómo se elabora su poción desde todos los ángulos ha convencido incluso a las brujas más tradicionales de utilizarlos para sus pociones. Asegúrese de que el vidrio sea resistente al calor y de que el caldero sea bastante grueso. Algunas vasijas de cristal solo son decorativas y no resisten una agitación enérgica ni temperaturas muy altas o muy bajas.

Cuando elija un caldero, recuerde que tenga tapa y un asa si piensa llevar su magia de viaje. No utilice el caldero para cocinar todos los días, ya que corre el riesgo de contaminarlo y reducir las propiedades mágicas de sus trabajos. Al igual que sus otras herramientas, el caldero es una extensión de usted y no debe ser utilizado por otros. No debe ser parte de su vajilla doméstica y debe guardarse para ocasiones especiales.

¿Qué son las pociones?

En pocas palabras, una poción es un líquido elaborado con intenciones mágicas. Puede utilizarse como bebida o para uso tópico. También puede utilizarse para bendecir objetos y limpiar espacios, tanto físicos como espirituales. También se denominan elixires, infusiones, bálsamos o bálsamos mágicos. Se llame como se llame, el poder de las pociones es una combinación de los ingredientes y el ritual de preparación.

Cómo empezar su poción

Recuerde que, al igual que un área de cocina normal, el espacio que utilice debe estar limpio, pero esto es todavía más importante en la preparación de pociones mágicas. El espacio que utilice debe estar física y espiritualmente limpio y libre de desechos. Cree un sahumerio limpiador de salvia o su hierba favorita y pase todos sus ingredientes y herramientas a través del humo para limpiarlos. Lleve la salvia encendida a las cuatro esquinas de la habitación y pronuncie unas palabras de limpieza para que el efecto sea más intenso. Destierre la energía negativa y haga que el espacio se sienta enraizado y sagrado.

Pociones mágicas con líquidos base

Cuando empieza a crear pociones, puede ser desalentador no saber por dónde empezar, por lo que principiantes y expertos reconocen la importancia de un líquido base. Algunas brujas evitan las pociones porque parecen complicadas y pueden salir mal. Piense en la creación de porciones de la misma forma que en sus habilidades culinarias comunes, que implican una receta que se ajuste a sus necesidades. ¿Cuántas veces ha tomado una receta la ha hecho suya? El mismo principio se aplica a la magia. Una vez cubiertas las bases, puede cambiar las pociones para adaptarlas a usted y a su magia.

Elija un líquido base

A la hora de preparar una poción, es importante elegir el líquido base que mejor se adapte al hechizo que está creando. Aquí tiene una lista de líquidos base que funcionan bien con hierbas, cristales y otros ingredientes mágicos.

- **Agua:** Quizá la fuente de líquido más accesible, pero también la más versátil. El agua del grifo funciona, pero ¿dónde queda la imaginación? Pruebe infusionar el agua con cristales, a dejarla a la luz de la luna para que se convierta en «agua lunar» o a cargarla con la luz del sol. Pruebe fuentes naturales para traer el poder de la naturaleza a sus hechizos y use agua de río o de manantial. Si su hechizo implica viajar, use agua de mar para traer el poder de los océanos de la naturaleza. Recuerde usar agua filtrada o embotellada si su poción va a ser consumida.

- **Jugo de frutas o vegetales:** ¿Quién dice que no se pueden hacer pociones sanas? Utilice zumos de colores vivos para dar un toque de sabor y vitaminas a sus pociones. Se pueden aprovechar las propiedades mágicas de los colores y la cualidad mágica del lugar donde se cultivaron los ingredientes.
- **Vino tinto, blanco o rosado:** Si utiliza alcohol, debe tener cuidado al compartir la poción, pero si es para uso propio, adelante. El vino es una gran base para pociones y funciona bien con hierbas y otros ingredientes naturales. Recuerde que, si calienta el vino, el contenido alcohólico se disipa y el líquido pierde su potencia.
- **Fuentes naturales:** Si se puede beber, se puede utilizar en una poción, siempre que no esté demasiado procesado. Si va a crear una poción para beber, la base puede ser un líquido bebible, como el té o el café. Hay tantas alternativas naturales, como la leche vegetal o el yogur, que las posibilidades son infinitas y saludables.
- **Aceites:** Los aceites son la base perfecta para pociones de uso tópico. Los aceites de almendras u otros frutos secos se pueden adquirir fácilmente en tiendas locales y hacen que la poción sea más suave y fácil de aplicar. Aunque algunos aceites son caros, el aceite vegetal corriente es una alternativa más barata y fácil de encontrar en la mayoría de los armarios de cocina.

Ya tiene lo básico. Un espacio limpio, el caldero que haya elegido, un tarro de cristal para guardar el producto terminado y su *athame* para picar los ingredientes. También necesita una fuente de calor para cocinar la poción y un equipo de seguridad para utilizar el fuego. Su ritual debe dirigirse a los cuatro elementos para invocar el poder de la naturaleza, así que la fuente de calor es su conexión con el fuego, el líquido base con el agua, el vapor con el aire y los ingredientes con la tierra.

Exprese sus intenciones mientras se prepara para el ritual. Agradezca a los elementos su presencia diaria en la vida. Pida a los espíritus que se unan a usted en su trabajo y que incorporen su energía a lo que está haciendo. Los hechizos siempre funcionan mejor con intenciones bien expresadas, y esto no es diferente con las pociones. Las afirmaciones positivas lo pondrán en el estado de ánimo adecuado y le ayudarán a concentrarse.

Pociones mágicas

Ahora que ya conoce las hierbas y plantas y tiene su caldero, es hora de sumergirse en el mágico mundo de las pociones. En esta sección se exploran algunas pociones sencillas para principiantes y luego se avanza hacia mezclas más complejas. A lo largo de la historia, se han elaborado pociones para curar todo tipo de dolencias, desde enfermedades simples hasta encontrar el amor, conseguir la inmortalidad o curar la peste. En la Edad Media, los médicos y boticarios especializados eran en su mayoría hombres y exigían una retribución por sus servicios, mientras que quienes no podían permitirse pagar por sus pociones recurrían a las sabias locales para que les administraran pociones y bálsamos caseros, realizando oraciones y cánticos para aumentar su eficacia. Estas eran las primeras formas de brujería, y se administraban a los miembros más pobres de la sociedad.

Los escandinavos eran especialmente aficionados a las pociones de amor, conocidas como *Philters,* documentadas en el poema nórdico «La ley de Gudrun», de la Edda Poética. La mitología nórdica está llena de historias de pociones, bálsamos, elixires y otras mezclas mágicas que influyen en los demás.

Aquí tiene algunas versiones modernas del *trolldom* y las pociones nórdicas. Siéntase libre de añadir o cambiar las recetas para adaptarlas a sus necesidades, ingredientes e intenciones. Algunas de estas pociones se hacen con ingredientes que encontrará en el armario de su cocina, mientras que otras le costarán más esfuerzo.

Poción de amor propio

La mejor forma de que su trabajo sea eficaz es creer en él. Los ingredientes, el método y sobre todo la persona que lo hace (sí, usted), así que hacer en su primera poción una mezcla de amor propio tiene mucho sentido.

Poción de amor de hibisco

Esta sencilla hierba no contiene cafeína y puede consumirse tanto caliente como fría. Haga una buena cantidad y guárdela en la nevera para cuando necesite una inyección de autoestima.

Lo que necesita:

- Té de hibisco.
- Azúcar.
- Hojas de menta.
- Una vela rosada.
- Un contenedor pequeño de metal.
- Una taza.
- Agua.

Vista su altar con un paño blanco y ponga una vela sobre él. Apague todos los aparatos electrónicos y manténgalos fuera de su espacio sagrado. Ponga música relajante o simplemente disfrute del silencio. Caliente el agua en el recipiente metálico con la llama de la vela mientras recita lo siguiente «Soy amado, soy digno de ese amor y lo acepto con el poder del universo. Tráeme una oleada de paz interior y permíteme librarme de la negatividad y la oscuridad mientras dejo que la luz del mundo me llene».

Añada el té y el agua a su taza y endúlcelo a su gusto. Agregue la menta y bébalo después de que se haya infusionado. Mientras bebe el té, imagine su mejor vida, ese trabajo del que sabe que es digno, la pareja que sabe que merece, y véase lleno del amor de la gente que lo rodea.

Poción curativa para dolencias menores o para potenciar la energía

Se trata de una infusión sencilla que le hará sentir lleno de energía y ahuyentará esas molestas dolencias.

Lo que necesita:

- Dos pedazos pequeños de corteza de sauce.
- una cucharadita de extracto de vainilla.
- Una cucharadita de jugo de manzana.
- Una pizca de salvia.
- Una pizca de romero.
- Dos medidas de jugo de limón.
- Agua.

Vista su altar con un paño azul claro y coloque los ingredientes en su caldero. Añada el líquido base que prefiera. En este ejemplo hemos utilizado agua hervida. Mientras el agua hierve, recite este mantra: «Líquido curativo, sé mi bálsamo, detén el dolor y cura el daño». Una vez que el líquido se haya enfriado, viértalo en una taza y beba el té a sorbos mientras imagina que todo el dolor abandona su cuerpo. Imagine que la luz blanca lo llena de energía y entusiasmo por lo que le depara el día e imagine que el cansancio abandona su cuerpo y se aleja flotando en el éter.

Poción curativa con ingredientes de su cocina

Esta poción es especialmente eficaz para los resfriados, los dolores de garganta, la laringitis y los problemas menstruales.

Poción para el frío y la gripe

Lo que necesita:

- Jengibre, la raíz seca o molida.
- Una cucharadita de jugo de limón.
- Una cucharadita de miel de manuka.
- Una pizca de canela.
- Azúcar morena.
- Agua o té de limón.

Puede preparar esta poción en su altar o en la cocina. Añada todos los ingredientes a una olla y déjelos hervir a fuego lento durante diez minutos mientras recita lo siguiente: «Poción mágica, haz lo tuyo, aclara mi garganta para que pueda cantar, deja que tu magia alivie mi alma y me haga sentir completo para siempre». Una vez que la poción se haya enfriado, endúlcela y bébala siempre que lo necesite.

Poción protectora para mantener la energía negativa a raya

Esta poción puede usarse para mantenerse a salvo o esparcirse por toda la casa para una mayor protección. Puede embotellarse y utilizarse hasta tres meses después de prepararla.

Lo que necesita:

- Una bolsa de té de jazmín.
- Una cucharadita de miel de manuka.
- Dos clavos de olor.
- Una cucharadita de jugo de limón.
- Tres hojas de laurel.
- una pizca de pimienta negra.
- Agua.
- Una taza.
- Azúcar.

Vista su altar con una tela dorada o roja y decórelo con sus cristales o piedras preciosas favoritas. Añada cualquier cosa que sienta que representa las partes favoritas de su vida, como las llaves de su casa, joyas o fotos de su familia o amigos.

Coloque el caldero en el altar, añada los ingredientes (excepto el azúcar) y repita la siguiente oración. «Invoco a la divinidad para que me haga sentir seguro. Bendíceme con tu energía que todo lo abarca y protégeme de cualquier daño. Sé mi guardián y dame la fuerza para proteger a los demás y a mí mismo».

Ahora lleve el caldero a su cocina y prepare la poción. Utilícela para consagrar su casa o bébala según sus necesidades. Imagine una cúpula blanca brillante rodeando todas las cosas que ama y luego imagine que las fuerzas negativas son repelidas hacia la oscuridad.

Pociones con alcohol solo para adultos

Poción de frambuesa y miel

Esta poción alcohólica se usa para limpiar y purificar la energía y atraer nuevos amores o amigos.

Lo que necesita:

- Vodka de frambuesa.
- Té de frambuesa.
- Té de hibisco.
- Una cucharadita de sirope de caramelo.

- Jugo de limón.
- Miel.
- Licor de menta.
- Hielo.
- Una coctelera o caldero.

Puede hacer más mágico el proceso cubriendo su altar con telas rosadas, amarillas o blancas y un par de velas, pero esta poción en realidad se trata solo del producto final. Añada todos los ingredientes al recipiente elegido y remueva o agite. Añada el hielo mientras mezcla o póngalo en un vaso para enfriar el líquido. Mientras bebe su poción, agradezca a los dioses, diosas y al universo por su buena fortuna y por interesarse por usted y por su vida.

Poción de amor con base de vino

Esta es una sabrosa poción diseñada para los largos y calurosos días de verano, llenos de la promesa del romance y la alegría de un nuevo amor.

Lo que necesita:

- Vino, puede ser blanco o rosado.
- Duraznos frescos.
- Frambuesas.
- Vainas de vainilla.
- Una ramita de menta.
- Hielo.
- Un vaso.

Llene el vaso con hielo y añada el vino. Mientras añade los demás ingredientes, pida al cielo que le envíe energía positiva y una visión de su pareja perfecta. Una vez removida y enfriada la poción, bébala lentamente e imagine cómo serán los dos en el futuro. Agradezca a la diosa del amor y el romance por su ayuda.

Poción para dormir con base alcohólica

Tome esta poción caliente antes de acostarse; le ayudará a conciliar el sueño y favorecerá los sueños positivos. Esta reconfortante poción le hará sentir somnoliento y cálido mientras cae en un profundo sueño.

Lo que necesita:

- Una medida de ron oscuro.
- Canela.
- Azúcar morena.
- Agua o leche, según su gusto.
- Una vela anaranjada.
- Esencia de lavanda.
- Un caldero.
- Una copa.

Cubra su altar con una tela de color apagado y ponga la vela naranja sobre la superficie. Ponga el ron, la canela, el azúcar y el agua o la leche en el caldero y llévelo a punto ebullición antes de que hierva a fuego lento durante dos minutos. Lleve el caldero al altar, encienda la vela y rocíe la esencia sobre el altar mientras vierte la poción en una copa. Recite lo siguiente «Llévame a la tierra del descanso y haz que mi sueño sea el mejor, ayúdame a soñar con el pasado y el presente y muéstrame cómo estar preparado para el futuro».

Beba la poción y deje caer los ojos mientras imagina un futuro lleno de amor y éxito.

Poción de amor y lujuria con base de vino

Esta poción sexy dará un empujón romántico incluso a la vida amorosa más apagada. Prepare un caldero lleno y guárdelo para cuando quiera repetir la sesión con su amada.

Lo que necesita:

- Una botella de vino tinto o blanco suave.
- Cinco hojas frescas de albahaca.
- Seis pétalos de rosa roja.
- Tres clavos.
- Cuatro semillas de manzana.
- Dos gotas de esencia de granada.
- Dos onzas de jugo de frambuesa.
- Un pedazo grande de raíz de ginseng.

- Un caldero.
- Una bolsa de té para colar.
- Un recipiente de vidrio con tapa hermética.

Decore su altar con telas rojas y blancas y luego ponga sobre él un cuarzo blanco, una piedra lunar y un granate. Añada todos los ingredientes al caldero y llévelo a la cocina. Decore la zona en la que esté trabajando con velas de colores y velas de té. Remueva la mezcla a fuego lento y diga: «Doy este vino para mostrar mi amor y espero que lo encuentren sabroso, que traigan amor a mi vida y que su llegada sea veloz». Mientras se enfría, agradezca a Freya, la diosa del amor, por sus atenciones y luego embotelle el contenido. Guárdelo en la nevera hasta que encuentre a la persona que considere digna de su amor.

Otras pociones habituales para la vida cotidiana

En sentido estricto, el café y otras bebidas cotidianas no están ligadas a las tradiciones nórdicas, sino que forman parte de la vida moderna escandinava actual. Adapte sus pociones y rituales para incluir estas bebidas, así no se le escapará nada a la hora de introducir la magia en su rutina.

Poción diaria de café

¿Ha pensado alguna vez en las propiedades mágicas del café? Antiguamente, se le llamaba «brebaje de Satanás», por lo que su relación con la magia es más antigua de lo que cree. ¿Qué siente cuando toma café? ¿Se siente feliz, lleno de energía, reconfortado o inspirado? El café tiene múltiples usos, además de ser una bebida. Vigoriza el sistema y potencia la energía, así que recuerde tratarlo con el respeto que se merece y téngalo siempre a mano en su cocina.

Use el café para estos fines mágicos

- Elimine los bloqueos tomándolo o bañándose en él. Añada hierbas o aceites esenciales al baño para eliminar la negatividad de su aura y su entorno.
- Elimine una maldición utilizándolo como líquido base para un hechizo de protección o bébalo mientras repite la fuente de la maldición para disipar la energía del maleficio.

- Disipe los espíritus negativos limpiando su espacio sagrado con una solución diluida de café y salvia.
- Mejore su suerte removiendo el café enérgicamente hasta crear burbujas y, a continuación, utilice una cuchara para recogerlas y beber.
- Conecte con las deidades ofreciéndoles un sabroso capuchino o un expreso. Les gusta tanto como a usted y estarán encantados de compartir su rutina diaria.

Poción del dinero

Utilice esta poción para atraer la riqueza y el éxito financiero y mejorar cualquier negocio que lleve a cabo. Puede beberla fría o caliente y guardarla en un frasco hasta una semana.

Lo que necesita:

- Cuatro tazas de agua.
- Cuatro palitos de canela.
- Cuatro clavos de olor.
- Una cucharadita de especias en polvo.
- Dos ramitas de menta fresca.
- Dos cucharaditas de azúcar morena.

Cubra su altar con telas verdes y doradas y encienda una vela blanca ungida con su aceite favorito. Ponga billetes de tres dólares sobre el altar. Lleva el caldero a la cocina y hierva el agua junto con todos los demás ingredientes, excepto la menta fresca, durante cinco minutos. Tape el caldero y deje reposar la mezcla durante diez minutos fuera del fuego. Diga lo siguiente: «Es agradable tener dinero y efectivo; me hace feliz y mi alma se llena si el universo quiere traerme esa riqueza y ese amor».

Añada la menta fresca al líquido. Déjelo enfriar antes de colarlo y servirlo con hielo o como bebida caliente. Sienta la emoción de recibir sus recompensas mientras bebe la poción. Una vez que termine, agradezca a los espíritus por su ayuda. Para obtener más fuerza, rocíe la poción sobre los billetes y déjelos en su altar.

Poción de aumento de la concentración

¿Se siente estresado y con poca energía? ¿Le cuesta concentrarte en el trabajo o en casa, o simplemente quiere potenciar su mente? Pruebe esta poción refrescante para traer energía a su aura y elevar sus sentidos.

Lo que necesita:

- Seis limones frescos.
- Cuatro tazas de agua.
- Una ramita de romero fresco.
- Azúcar morena.
- Miel.
- Jugo de lima.
- Hojas de laurel.
- Un vaso.
- Hielo.

Prepare el zumo base exprimiendo los limones en tres tazas de agua. Mientras los exprime, poténcielos visualizando una versión de usted más inteligente y aguda después de tomar la poción. Imagine las increíbles ideas que tendrá y la positividad que fluirá de su mente. Aparte el zumo para que se infusione con el resto de los ingredientes.

En el fuego, caliente el agua restante con el romero, el azúcar y la miel. Déjela hervir durante diez minutos hasta que todo el azúcar se haya disuelto. Ahora, deje que la mezcla se enfríe mientras imagina el éxito que encontrará en el futuro. Ese nuevo trabajo o la perspectiva de nuevas experiencias, deje que sus sentidos se centren en su futuro.

Ponga hielo en un vaso y vierta el líquido de limón. Retire la ramita de romero y utilice el líquido dulce para balancear el sabor del limón. Cree un elixir dulce para favorecer su salud mental y disfrute.

Poción de pasión afrodisiaca

Esta poción es una forma poderosa de calentar a alguien y ponerlo de humor para el amor, pero no es una mezcla milagrosa. No hará cambiar de opinión a alguien que no tiene ningún interés en usted, pero devolverá la pasión a una relación que puede haber decaído.

Poción para traer calor

Lo que necesita:

- Una ramita de romero.
- Media cucharadita de tomillo.
- Una pizca de salvia.
- Una pizca de nuez moscada.
- Dos cucharaditas de menta para té.
- Tres clavos de olor.
- Tres pétalos de rosa.
- Seis gotas de jugo de limón.
- Agua.
- Una foto de su ser amado.
- Un cuarzo rosa.

Prepare el altar con telas rojas y rosadas y encienda tres velas blancas. Ponga la foto y el cuarzo delante de la vela blanca central. Añada los demás ingredientes al caldero y caliéntelos sobre las velas, o llévelos a la cocina y caliéntelos en el fuego.

Mientras se enfría la mezcla, repita lo siguiente «El amor y el calor me llenan de esperanza y amor; que este té devuelva la pasión a mi amor y a mí». Cuele el líquido y bébalo a sorbos mientras visualiza el calor que ambos llevarán al dormitorio.

Estas son solo algunas de las pociones que pueden prepararse para distintas ocasiones. Sería imposible enumerarlas todas. Imagine que le pidieran una lista de todas las recetas del mundo. Ya tiene sus ingredientes, conoce el poder que aportan y tiene la confianza para hacer sus propias pociones, bálsamos y tinturas mágicas. Siempre que sus ingredientes sean seguros, sus pociones también lo serán. Diviértase y experimente con sus preparaciones; recuerde anotar las recetas para añadirlas a su grimorio o libro de sombras una vez que pruebe su eficacia.

Capítulo 5: Espadas y dagas mágicas

El mundo nórdico es un lugar donde la lucha y las batallas son parte esencial de la vida. Los dioses y diosas luchaban fuerte, amaban con pasión y utilizaban las armas para aumentar sus posibilidades de victoria. Hoy reconocemos que las armas más poderosas de nuestro arsenal son la inteligencia, el conocimiento, la moral y la verdad. Sin embargo, esto no significa que las armas históricas del *trolldom* no sean relevantes. Muestran la pasión que hay detrás de las historias, las creencias y las fuerzas de la naturaleza que impulsa la magia. Además, las historias son dramáticas y están llenas de poderosas batallas, incluyendo algunas de las armas más fantásticas fabricadas por criaturas místicas y dotadas de poderes mágicos.

Armas de la mitología y costumbres nórdicas

El tridente

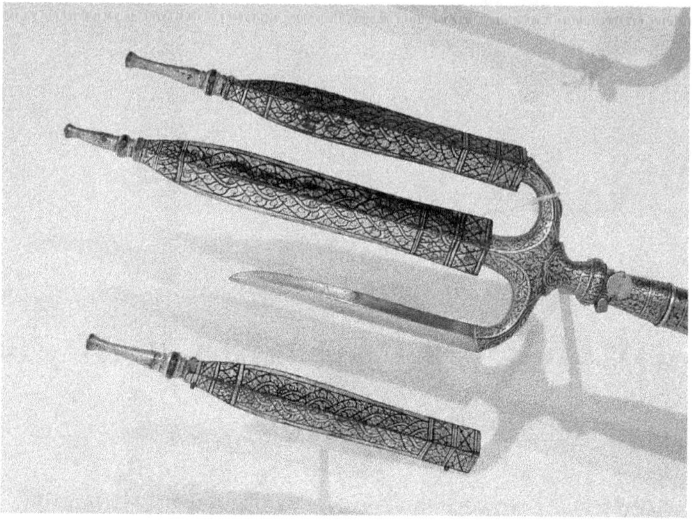

Usualmente, los tridentes son las armas de los dioses del mar[11]

La lanza de tres puntas recibe su nombre de las palabras latinas que significan tres dientes. Tradicionalmente es el arma de los dioses del mar, especialmente Poseidón y Neptuno. En la historia de Poseidón, los cíclopes y el rey del mar forjaron el tridente y lo utilizaron para golpear una roca y proporcionar agua a la acrópolis de Atenas. En la mitología romana, Neptuno utiliza el arma para golpear la tierra y producir el primer caballo de guerra mítico que tira de los carros de los guerreros en la batalla.

El tridente aparece en otras mitologías, como la india y la judía. En la mitología hindú, la diosa Kali y el dios Shiva suelen aparecer con un tridente, que representa tres conceptos importantes de la religión.

Arondight

Lancelot, famoso personaje de la leyenda artúrica, era amante de la reina Ginebra y un célebre caballero de la mesa redonda. Su espada recibió el nombre de la frase «La luz inmarcesible del lago».

Ascalón

San Jorge utilizó la espada Ascalón para matar al dragón. Su nombre se ha utilizado en numerosos videojuegos para armas mágicas en reinos fantásticos.

Caladgolg

El héroe del Ulster Fergus Mac Roich blandía esta poderosa espada con la que creaba arcos de colores cuando mataba a sus oponentes. Sus seguidores sabían que había tenido éxito cuando veían los arcoiris formados por su espada.

Dainsleif

El rey nórdico Hogni utilizaba esta arma para infligir heridas que nunca cicatrizaban. Fue forjada por los enanos a cambio de oro y era considerada una de las armas más mortíferas de la mitología.

Excalibur

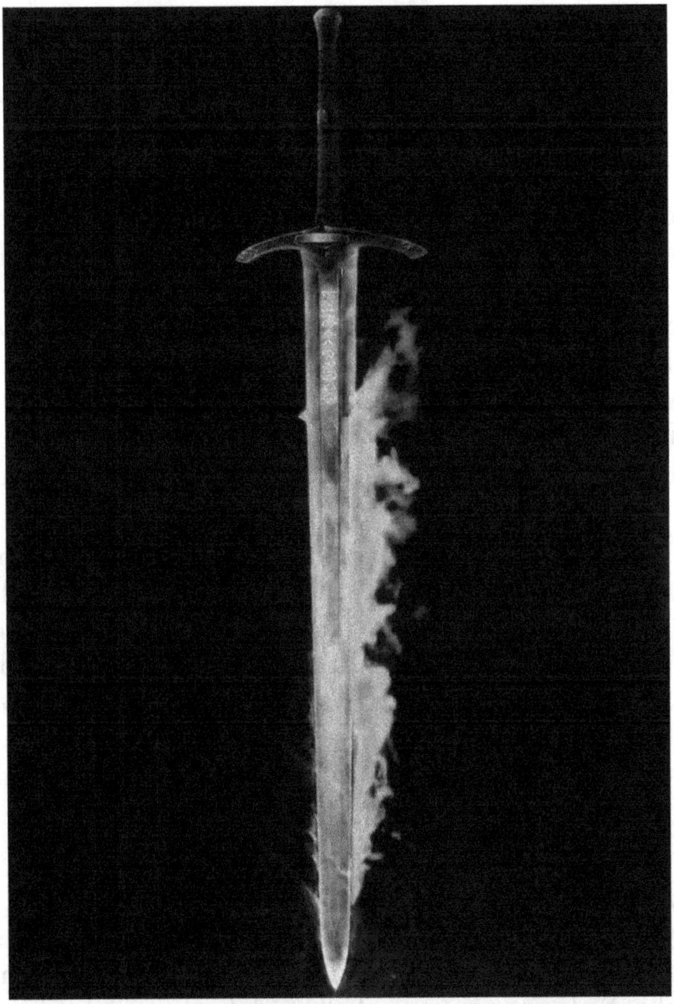

Se cree que Excalibur está dotada de poderes mágicos[12]

La espada del rey Arturo fue extraída de la piedra para determinar quién debía gobernar Inglaterra. Diferentes historias cuentan múltiples leyendas sobre la piedra, que se creía imbuida de poderes mágicos.

Fragarach

Es la espada mágica de Nuada, un personaje famoso de la mitología irlandesa. Fue forjada por los antiguos dioses celtas y podía infligir heridas que nunca sanaban, además de dominar el clima. También obligaba al oponente a decir la verdad cuando la hoja se sostenía contra su garganta.

Gambanteinn

Una legendaria daga con forma de varita que aparece dos veces en la Edda poética de la mitología nórdica. En un poema, Harbaror la recibe como regalo al burlar a un gigante. En otro poema, Skirnir la utilizó para amenazar a la giganta Gerd con la muerte de su padre si se negaba a dejar de vagar y alejarse del reino humano.

Gram

La espada de Sigurd fue utilizada por el legendario héroe germánico de la mitología nórdica. Sacó la espada del tronco de un árbol en una fiesta en la que un extraño la había depositado. Sin que los juerguistas lo supieran, el desconocido era Odín disfrazado, y la espada era Gram. Todos intentaron sacarla, pero fracasaron hasta que llegó a Sigmund, que desenvainó la espada con facilidad. Todos codiciaban la espada y Sigmund libró muchas batallas para mantenerla a salvo. Durante una batalla, Odín partió la espada en dos, y la esposa de Sigmund tomó las partes y las escondió.

Cuando Sigmund murió, un enano llamado Regin vino a enseñar a su hijo Sigurd las antiguas artes y cómo luchar contra el dragón Fafnir para reclamar el tesoro que guardaba. Ayudó a Sigurd a unir las dos mitades de la espada Gram para usarla como arma contra el dragón. Finalmente, el héroe mató a Fenrir de un solo golpe en el costado izquierdo. Como la victoria fue tan impresionante, la espada fue quemada junto al cuerpo de Sigurd y nunca fue mencionada en la mitología después de que se encendiera la pira funeraria.

Hovod

La mítica espada del guardián del Bifrost. Se fabricó a partir de Heimdallr y tenía fama de elegir a su dueño. Representa las bendiciones y fuerzas de los dioses, y era conocida por incorporar la personalidad de quien la usaba. Se la conoce como la llave del puente del Bifrost, que une los nueve reinos y el mundo humano.

Laevatein

Algunos creyentes nórdicos consideran que se trata de una espada real, mientras que otros piensan que es el proyectil de muérdago utilizado para matar al dios dorado Baldr después de que Loki, el dios embaucador, engañara a su madre para que revelara su debilidad.

Legbiter

La legendaria espada de Magnus III de Noruega. Cuando los Hombres del Ulster lo mataron, la espada fue enviada a casa de su esposa como señal de su muerte.

Mistilteinn

La legendaria espada de Hromundr Grippson en la mitología islandesa. Derrotó a los draugr, la versión nórdica de los muertos vivientes, que poseían la espada y mataron a más de cuatrocientos hombres con ella. En una ocasión, la espada se perdió en el agua tras un hechizo mágico, pero más tarde fue recuperada del estómago de un lucio.

Naegling

Una legendaria espada afilada y reluciente del poema de Beowulf de la época vikinga. Es un relato insólito sobre un héroe y su lucha con un dragón malvado en el que la espada se rompió, no por la fuerza del adversario, sino por la del héroe.

Ridill

Otra espada fabricada por enanos en la mitología nórdica. Es famosa por ser el arma que arrancó el corazón del dragón derrotado Fafnir para asarlo para el victorioso Sigurd y sus hombres.

Skofnung

Una formidable espada con poderes mágicos que fue el arma del rey danés Holf Kraki. Se decía que contenía en su poderoso mango los espíritus de los doce mejores guerreros de la época que habían muerto en batalla. La espada podía infligir heridas incurables, pero también podía curar heridas sufridas en batalla. Nunca debía desenvainarse bajo la luz directa del sol ni en presencia de una mujer. ¿Se trata de una espada misógina?, ¿o refleja el sentimiento de que las mujeres no debían estar presentes en el campo de batalla?

La espada sobrevivió a su dueño original más de quinientos años y protagonizó historias hasta que fue enterrada con él en 1073. Fue un arma muy viajera e incluso peregrinó a Roma.

Tyrfing

Otra espada mágica nórdica que se menciona por primera vez en la Edda poética y aparece en una historia en la que los nietos de Odín capturan a dos enanos y les obligan a fabricarle una espada mágica. Tenía una empuñadura de oro, nunca se oxidaba y podía atravesar la piedra y el metal con la misma facilidad que la tela. Los enanos forjaron la espada, pero la maldijeron declarando que mataría a un hombre cada vez que la desenvainaran y que acabaría matando a su dueño.

Por supuesto, estas espadas son principalmente mitológicas, aunque algunas armas históricas presentan magia y *trolldom*. Si tiene la oportunidad de ver estas magníficas armas, debería aprovecharla; un vistazo a la historia le ayudará a inspirarse en su trabajo.

Espadas históricas

Espadas británicas ceremoniales

En la torre de Londres se conservan cinco espadas: la espada de Estae, la curtana, la espada de la Justicia, la espada de la Temporalidad y la espada de la Misericordia. Son magníficas espadas de coronación con joyas incrustadas y están hechas de oro macizo. Sus correas carmesíes son de terciopelo con bordados en oro.

Joyeuse

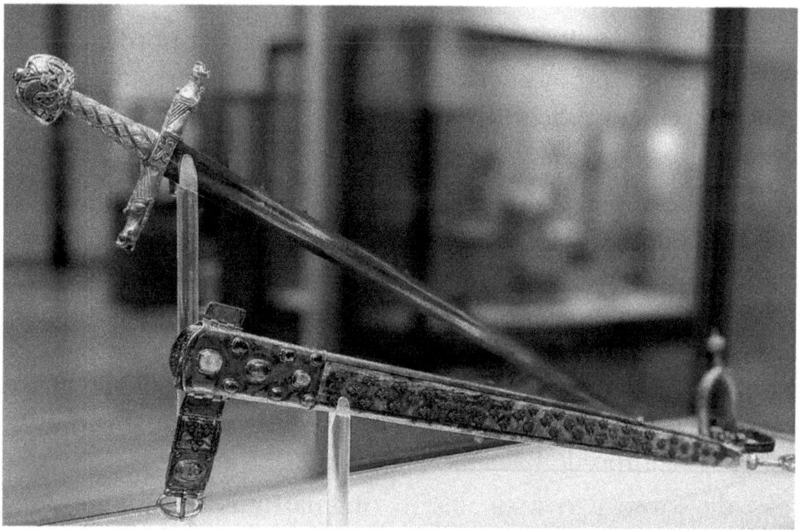

Joyeuse era la espada de Carlo Magno[18]

La espada del líder Carlomagno, que fue el primer emperador del Sacro Imperio Romano Germánico. Tras la Revolución Francesa se trasladó al Louvre y desde entonces se utiliza en las ceremonias de coronación francesas.

Lobera

Su nombre significa «matador de lobos» y fue la espada del rey de Castilla en 1217. Era una espada de virtud y fue legada a su nieto en su lecho de muerte.

La espada de Essen

Regalada a la zona de Essen para conmemorar la santidad de sus guerreros Cosme y Damián. Puede verse en la abadía de Essen (Alemania).

Esta lista de espadas y dagas dista mucho de ser exhaustiva, ya que las armas eran una parte importante de la mitología. Las batallas que libraron, así como sus victorias y derrotas definieron a estas espadas y las convirtieron en leyendas de su mitología. Hoy en día, la magia ha cambiado y es necesario utilizar las fuerzas y los poderes en lugar de las armas reales.

Las dagas y cuchillos decorativos pueden utilizarse para adornar el altar y servir como canales para la energía y la fuerza. El *athame* es una herramienta *wiccana* que se puede utilizar en rituales y hechizos y se puede comprar en tiendas de brujería, o usted puede hacer el suyo propio. Nunca se debe utilizar para cortar, ya que es más poderoso cuando se utiliza como herramienta de fundición para dirigir la energía.

La historia del *athame*

La primera mención del *athame* fue en 1954, en un libro publicado por Gerald Gardner, donde lo clasificaba como el cuchillo de la bruja. No describía los materiales utilizados ni el uso o tamaño exactos, sino que se limitaba a clasificarlo como un arma mágica. En la década de 1980, apareció una descripción más detallada en un libro titulado *La danza de la espiral.* Este libro contenía detalles del *athame* perfecto, descrito como una hoja de doble cara con un mango negro. Se sugería que la hoja debía mantenerse roma por razones de seguridad y que debía ser corta y manejable.

En la práctica actual, el *athame* se utiliza más como una varita y puede ser de acero tradicional o incluso de madera. Los *athames* y las varitas de mármol tienen un aspecto impresionante y dan a un altar un aspecto decorativo y especial. Puede utilizar muchos objetos alternativos como *athames*, como un abrecartas o una herramienta para modelar arcilla. Decore el mango y haga que su herramienta mágica sea más personal.

Báculo mágico

Si le gusta la idea de un canal mágico para su energía, puede sustituir su *athame* o varita mágica por un báculo. Se asocia con la autoridad y hace que su magia sea más poderosa. Al igual que la varita, es un poderoso símbolo masculino de energía y representa el aire y el fuego en la magia elemental. Los báculos caseros son mucho más eficaces que los comprados en tiendas y son relativamente fáciles de hacer.

Elija la madera

En primer lugar, nunca corte un trozo de madera viva de un árbol solo porque le guste el aspecto de la rama. Dé un paseo por un bosque y busque en el suelo un trozo que ya se haya caído. La longitud debe ser de entre la altura de sus hombros y el suelo, para que pueda empuñarlo cómodamente. El diámetro debe ser de unos cinco centímetros para que pueda sujetarlo con firmeza sin romperlo.

Puede elegir la madera en función de sus propiedades mágicas. La magia celta tiene un calendario creado por los druidas y dedicado a los árboles para explicar las propiedades mágicas de cada uno.

El calendario de los árboles

Dic. 24 a ene. 20, la luna del abedul

El abedul representa el renacimiento; es el primer árbol que vuelve a crecer si se quema un bosque. El abedul protege y mantiene a salvo a quien lo usa y funciona para varitas y báculos de que proporcionan energía extra a los hechizos.

Ene. 21 a feb. 17, la luna del serbal

Asociada a Brigid, la diosa del hogar, la madera de serbal también se relaciona con la superación personal y los viajes. Es una madera poderosa para animar a las almas de los espíritus perdidos a seguir adelante y abandonar el plano astral.

Feb. 18 a mar. 17, la luna del fresno

Yggdrasil, el árbol místico de la vida en los cuentos nórdicos, era un fresno. Esta madera puede utilizarse para favorecer viajes interiores y astrales. Protege de los espíritus que puedan hacer daño y de todas las formas de energía negativa. Utilice la madera de fresno para inducir sueños proféticos que le indiquen lo que le espera, tanto en asuntos profesionales como personales.

Mar. 18 a abr. 14, la luna del aliso

La madera de aliso suele encontrarse junto a los cauces de los ríos y se cree que forma el puente entre el cielo y la tierra. Conecta al usuario con el mundo de los hados y ayuda a que su trabajo tenga más éxito. La madera de aliso se utiliza para fabricar silbatos para invocar a los espíritus del aire y para fabricar instrumentos musicales mágicos.

Abr. 15 a may. 12, la luna del sauce

El sauce es un árbol misterioso y protector. Suele encontrarse cerca de los cementerios para proteger a los muertos, y su madera aporta protección a los hechizos. Utilice madera de sauce para estimular la curación y el crecimiento.

May. 13 a jun. 9, la luna del espino

La madera de espino está impregnada de potencia masculina y se utiliza para favorecer la fertilidad y la concepción. Tiene un potente tacto fálico y es una forma poderosa de atraer la pasión y el amor.

Jun. 10 a jul. 7, la luna del roble

El poderoso roble se alza sobre los demás árboles del bosque y es un árbol sagrado para la magia druida. Utilice esta madera para confeccionar un báculo que lo proteja y promueva el éxito y la suerte financiera. Es ideal para lanzar hechizos para el éxito en los negocios y el trabajo.

Jul. 8 a ago. 4, la luna del acebo

El siempreverde acebo simboliza la inmortalidad y el círculo de la naturaleza. Utilícelo para atraer la buena suerte y la seguridad a su magia y trabajar con una sensación de comunión con la naturaleza.

Ago. 5 a sep. 1, la luna del avellano

Los avellanos son especialmente eficaces para la radiestesia y la adivinación. Esta madera se relaciona con la sabiduría y el conocimiento y puede utilizarse para impulsar proyectos artísticos y creativos. Utilice el avellano para recuperar su musa e implicarse en sus sueños.

Sep. 2 a sep 29, la luna de la vid

Como se sabe, el vino era una bebida popular de los dioses nórdicos y los plebeyos. El vino se elabora a partir de uvas procedentes de la vid, por lo que no es de extrañar que la vid simbolice tanto la felicidad como la ira. Cuando se bebe vino, algunas personas se vuelven eufóricas, mientras que otras se vuelven iracundas y muestran su rabia. Utilice esta madera para abarcar estas emociones y añadir equilibrio a su obra. Debe incluir aspectos oscuros y luminosos para conseguir que su magia sea más poderosa.

Sep. 30 a oct. 27, la luna de la hiedra

La hiedra es una planta resistente que sobrevive incluso cuando su planta huésped ha muerto. La madera de la hiedra es la forma perfecta de celebrar el ciclo de la vida y la muerte. Utilícela para mejorar sus hechizos de amor y eliminar la toxicidad de su vida.

Oct. 28 a nov. 23, la luna del junco

No es estrictamente un árbol, pero las cañas se utilizan para atraer a las almas de los muertos. Se convierten en instrumentos mágicos que ayudan a trabajar con los espíritus y a realizar sesiones de espiritismo con éxito. Utilice un báculo de caña para homenajear a sus antepasados y pedirles su sabiduría para sus trabajos.

Nov. 24 a dic. 23, la luna del saúco

La madera de saúco se utiliza para protegerse de los demonios y otras energías negativas. Ayuda a rejuvenecerse a sí mismo y al espíritu.

Aunque las dagas y espadas tradicionales solo se utilizan como adorno, puede blandir algunas armas poderosas en su magia. Utilice el conocimiento de las diferentes maderas para forjar impresionantes varitas y báculos que añadan potencia y dirección a su trabajo.

Capítulo 6: El uso de la magia de cordón

La brujería implica herramientas y objetos mágicos que pueden ser decorativos o sagrados, pero también puede implicar objetos cotidianos. ¿En qué piensa cuando dice la palabra cordón? Seguramente el cordón más importante de todos es el cordón umbilical. Es el trozo mágico de piel que mantiene sanos a todos los bebés. Alimenta al feto, le suministra sangre oxigenada y sigue unido a él después del nacimiento. Cortar el cordón umbilical es una parte importante del proceso del parto. Los restos del cordón umbilical del bebé permanecen con él durante toda su vida como un importante recordatorio de su conexión definitiva con la mujer que lo dio a luz.

La magia de cordón es una fuente muy poderosa[14]

Cuando se utilizan instrumentos eléctricos, el cordón es la fuente de energía, y cuando nos ponemos los zapatos, a menudo se utiliza un cordón para amarrarlos. Las cuerdas son parte intrínseca de algunos de nuestros instrumentos más importantes y tenemos cuerdas vocales para hacer resonar nuestras voces. Las cuerdas son flexibles y se pueden adaptar a nuestras necesidades, lo que las convierte en una herramienta muy útil en la magia. Las cuerdas mantienen unidos elementos separados, por lo que son importantes en el trabajo con hechizos.

Historia de la magia de cordones

Una vez más, nos fijamos en Gerald Gardner y su renacimiento de la práctica *wiccana* en la década de 1950, en Inglaterra. Se refiere al *cingulim* o cordón de la bruja, que representa las medidas básicas del cuerpo de la bruja o una longitud estándar de nueve pulgadas. El nueve es un número importante en la magia, pero los cordones relacionados con la magia individual son especialmente potentes. Los cordones se entregan a las brujas que se gradúan como maestras, y siguen siendo propiedad del aquelarre hasta que la bruja muere o abandona el aquelarre por motivos personales.

En la religión, los cordones forman parte de rituales que se centran en la meditación o la oración. En el catolicismo, un cordón de cuentas conocido como rosario ayuda a quien reza a contar sus bendiciones y concentrarse en sus devociones. En el budismo, el lama bendice los cordones para atraer la suerte y bendecir con el espíritu de Buda. Se llevaban alrededor de la muñeca hasta que se desgastaban y caían. Los colores de los cordones indican el significado de la bendición y los hacen más eficaces.

Los cordones pueden utilizarse individualmente o juntos para crear efectos mágicos. Se pueden combinar con la magia de nudos para hacer hechizos en todas las áreas de la magia y completar objetivos en todas las áreas de la vida. En la siguiente sección, se exploran algunas de las formas más poderosas de usar nudos y cuerdas en la magia. En primer lugar, vamos a averiguar cómo utilizar el color para añadir intención a un trabajo y lo que los diversos colores significan en la magia con cordones.

Colores de los cordones

Si sus hechizos son polivalentes, utilice tonos neutros y evite el color. Los cordones blancos son fáciles de conseguir y representan el comienzo de una nueva era y la pureza de los nuevos comienzos. Los cordones grises y blancos ayudan a practicar nuevas habilidades sin preocuparse de que la magia sea malinterpretada, pero cuando esté listo para añadir color, utilice esta lista para enfocar la intención de sus hechizos.

Negro: Sabiduría, expulsión, destierro, protección, autoexamen, trabajo con sueños y comunicación astral.

Azul: El color del elemento agua, limpieza, felicidad, devoción, perdón y calma.

Marrón: El elemento tierra, hacer realidad los sueños, construir relaciones, echar raíces, tomar decisiones financieras y conectar con la naturaleza.

Dorado: El éxito monetario, la masculinidad, la justicia, la buena salud, el poder de la persuasión, la magia solar, las conexiones con Dios, la energía sagrada y el poder de la abundancia.

Verde: Dinero y éxito financiero, magia natural, trabajo con hierbas, creatividad, crecimiento y éxito físico.

Índigo: El mundo espiritual, el chakra de la corona, el desarrollo psíquico, la profecía, la autorrealización y la conexión con el ser divino.

Lavanda: Calma, paz mental, comprensión superior y aprendizaje.

Naranja: Cosecha de ideas y conocimientos, motivación, energía, autoexploración, fuerza mental, esperanza, visión de futuro, creatividad y poder de adaptación.

Rosado: Amor propio, nuevas relaciones, romance, perdón, amistad y desarrollo de la solidaridad.

Violeta: Temas globales, inclusión, liderazgo, misterio, sabiduría, suerte y liberación.

Rojo: elemento fuego, limpieza, nuevos comienzos, éxito sexual, fertilidad, vitalidad, energía positiva y pasión.

Plateado: La energía femenina de la luna, la conexión con la tierra y su energía femenina, la interpretación de los sueños y los viajes astrales.

Amarillo: El elemento aire, la felicidad, la energía solar, el aumento de la concentración, la confianza, la seguridad en uno mismo, los nuevos objetivos, la mejora de la memoria y la inspiración.

Numerología en la magia de cordones

Si suma la magia con cuerdas a la magia con nudos, debe usar la numerología para que sus hechizos tengan un enfoque más claro. El número de nudos que utilice añadirá simbolismo e intención a su trabajo y hará que sus resultados sean más impresionantes. Las diversas interpretaciones de la numerología dependen de las influencias culturales, pero esta sencilla lista de referencia le será útil para empezar. A medida que adquiera experiencia, podrá cambiar la representación de los números para adaptarla a sus experiencias subjetivas. Por ejemplo, su fecha de nacimiento o su número de la suerte pueden convertirse en una parte importante de su ecuación.

Uno: El ser superior, la energía masculina y el símbolo definitivo de la fuerza de voluntad y la capacidad para influir en el propio mundo.

Dos: La asociación sagrada y la energía femenina, el poder de la dualidad y la reconciliación, la bondad y la sensualidad.

Tres: La juventud, la liberación de las preocupaciones adultas, el poder del juego, la acción, la felicidad, el humor, la visión de futuro y los sueños.

Cuatro: Sentar las bases, la responsabilidad, formar parte de un equipo, la ética, la moral, la estabilidad financiera y la prudencia.

Cinco: Oportunidades, nuevos proyectos, aventura, la fuerza del coraje, frivolidad, inclusión global y conciencia.

Seis: La curación, la reparación de las relaciones, el amor verdadero, la unión, el apoyo y el poder del trabajo en equipo.

Siete: Espiritualidad, percepción elevada, conocimiento, sabiduría, fuerza para sobrevivir, pensamiento claro, visión de futuro y optimismo.

Ocho: Responsabilidad, juicio, búsqueda del poder, autoridad y liderazgo.

Nueve: Humanidad, benevolencia, caridad, responsabilidad y conciencia.

En magia, estos nueve números se combinan para formar números múltiples y se describen mediante un sencillo encantamiento que las brujas y los practicantes de magia han adoptado durante cientos de años.

Encantamiento de nudo

«Por el nudo de uno solo, se ha hilado la magia,
Por el nudo de dos, el significado es verdadero,
Por el nudo que llamamos cuatro, el hechizo se considera puro
Por el nudo del cinco, el hechizo cobra vida,
Por el nudo llamado seis, la magia se fija,
Por el nudo siete, la palabra es enviada a los cielos,
Por el nudo llamado ocho, he sellado el destino de mi hechizo,
Por el nudo llamado nueve, toda la magia será mía».

Materiales que puede usar para la magia de cordones

Los materiales básicos marcan la intención de sus hechizos. Aquí tiene algunas sugerencias sobre el uso de diversos materiales para que sus hechizos sean personales:

- **Cadenas:** Finas cadenas metálicas de joyería pueden centrar sus intenciones si su hechizo es para otra persona o para usted mismo. Utilice cadenas atesoradas de su joyero o reliquias.
- **Hilo dental:** El hilo dental es una forma colorida y barata de utilizar cordaje alternativo.
- **Cordones:** Los cordones de los zapatos, los cordones de los corsés u otras prendas hacen que el hechizo se concentre en el propietario.
- **Cuero:** Las suaves tiras de cuero de color hacen que un trabajo sea más prolongado y duradero.
- **Cinta:** Las opciones son inmensas, hay cintas de todas las anchuras, longitudes y colores disponibles en las fuentes locales.
- **Hilo:** Los hilos de algodón son fáciles de usar, pero pueden ser delicados.
- **Cordel:** Colorido y duradero.
- **Alambre:** El alambre para manualidades es una forma sencilla de utilizar formas metálicas de cordón para crear nudos resistentes.

Si elige tejidos, aléjese de los materiales sintéticos. Serán menos eficaces que los materiales naturales, ya que estos absorben mejor las intenciones mágicas y retienen su energía. Utilice lana, seda u otros ingredientes naturales en lugar de nailon y otros materiales sintéticos.

Las intenciones detrás de la magia de cordones

La magia de cordón es una forma fuerte de unir energías, sobre todo cuando se utilizan ciertos colores y la numerología combinados para dirigir las energías mágicas. Se puede utilizar para todas las aplicaciones y usos y es uno de los tipos más versátiles de magia.

Hechizo de protección

Utilice los cordones para atraer la energía negativa a su construcción y mantenerla envuelta en su trabajo de cordones. Utilice cordones rojos, blancos, plateados o negros y los números seis y ocho. Unja sus cordones con el aceite esencial con el que se sienta protegido, quizás salvia o pino, y utilice agujas de pino para construir una base sobre la que trabajar.

Agarre los cordones y entrelácelos formando una cuerda mientras recita lo siguiente:

> *«Estos cordones son mi pureza y me mantendrán a salvo de la oscuridad. Hazlos fuertes y puros para mantenerme alejado de la energía y que me mantengan a salvo».*

Ahora, imagine que toda la negatividad de su vida queda atrapada en las cuerdas y desaparece de su vida. Imagine una luz blanca cegadora que baña de pureza su espacio de trabajo. Una vez formada la cuerda, asegure bien los extremos y colóquela donde se sienta seguro. Llévela con usted cuando salga de casa o déjela en su sitio para vigilar su espacio.

Hechizo vinculante

Si le preocupa una persona o una situación, puede crear un cordón poderoso para romper las conexiones que le traen conflictos.

Agarre un cordón que le resulte personal y represente su energía o utilice una combinación de colores y materiales; usted elige.

Haga un nudo en el cordón y diga, *«Te echo de mi vida* (inserte nombre o situación) *mi alegría ya no robarás».*

Este es el nudo de unión y debe permanecer anudado, pase lo que pase.

El segundo nudo debe pasar por debajo del primero y se hace como mientras usted dice, *«Te destierro* (insertar nombre) *de mi vida terrenal, liberándome de todas tus contiendas».*

A continuación, debe hacer el tercer nudo, diciendo: *«Te expulso* (nombre) *de este nudo número tres; tu poder nunca más me afectará».*

El cuarto nudo debe hacerse diciendo: *«Te expulso* (nombre) *de mi memoria y mis sueños y rezo para que este amuleto me mantenga a salvo».*

Guarde el cordón en un espacio seguro y únjalo con sus aceites o cristales. Si siente que vuelve alguna negatividad, deshaga los tres primeros nudos y repita el proceso. Nunca deshaga el nudo de unión, ya que liberará la negatividad, que puede haber aumentado.

Cooperación

Si tiene dificultades con otras personas y desea más equilibrio y armonía en su vida, confíe en la magia de los cordones. Elija varios cordones que representen a las personas que le causan dificultades y póngales nombre. Forme una trenza con los cordones mientras se concentra en las personas y situaciones que representan.

Rece este encantamiento mientras trabaja: *«Pido al universo que cree armonía entre estos elementos, que nos ayude a unir nuestras fuerzas y habilidades individuales para formar un equipo. Agradezco a los poderes su cooperación y su amor».*

Crear lazos fuertes

Cuando quiera que algo suceda, debe utilizar la magia de cordón para ayudar a que suceda. Por ejemplo, si está solicitando un trabajo, cree una unión de cordones entre usted y el puesto que desea.

Agarre un cordón para representarse a usted mismo y otro para el puesto. Entrelácelos mientras dice: *«Quiero este trabajo y me lo merezco, deja que la magia me ayude a mostrar mi verdadero yo y cómo encajo en el puesto».* Recuerde, si consigue el trabajo y luego se va, no olvide deshacer el nudo.

Amor y matrimonio

Las ceremonias paganas y *wiccanas* suelen incluir lazos y cintas para unir a las parejas. El *trolldom* abraza todos los ritos paganos y anima a utilizar cintas y cordones de colores vivos para significar la unión. Para la amistad, haga pulseras sencillas de colores para regalar a su amigo y significar su conexión. Utilizar colores y dibujos para mostrar amor es una forma decorativa de expresar afecto.

Cordones de buena suerte

Las opciones para hacer un cordón de la suerte son innumerables. Utilice sus conocimientos sobre el significado de los colores y los números para crear un cordón de la suerte. Utilice cordones verdes para el dinero y rosas para el amor y añada semillas o piedras para crear un elemento decorativo para su altar. El cielo es el límite; puede crear tantos como quiera.

Utilice cordones para añadir magia a objetos físicos. Por ejemplo, cuando busque trabajo, agarre las tarjetas de visita de las empresas con las que quiera trabajar y añada su currículum al manojo. Enrolle el cordón de su elección alrededor de los papeles y diga lo siguiente: *«Suerte y prosperidad, sean mías. Haz que estas personas me vean brillar»*. Luego, guarde el cordón y el fajo en un lugar seguro y póngase en contacto con las empresas. Espere a que empiecen a llegar las entrevistas.

Mejoría personal

Cree cordones decorativos para representar las áreas de su vida que necesitan mejorar. Si su vida amorosa está agitada, utilice el rojo o el rosa. Si sus finanzas se resienten, utilice el verde. Átese los cordones alrededor de la muñeca y úselos para concentrarse en sus problemas. Basta con tocar el cordón correspondiente para concentrarse en él y llenarse de energía.

Magia del clima

La brujería basada en el clima se ha utilizado durante generaciones. En la época nórdica, el clima era determinante en todos los aspectos de la vida y era importante influir en él de cualquier forma posible. Los marineros creaban una fuerte cuerda con tres nudos para indicar la fuerza de los vientos. Un nudo representaba una brisa; dos, un viento de vela; y tres, un vendaval. Los agricultores utilizaban un método similar para representar la lluvia: un nudo es un chaparrón; dos, una lluvia constante; y tres, un aguacero.

Sea como sea, los nudos y las cuerdas son una forma sencilla y accesible de practicar la magia. Los principiantes pueden experimentar con sus materiales y crear coloridas y decorativas piezas mágicas para llevar puestas o exhibir en sus espacios sagrados. Divertirse es una parte intrínseca del proceso mágico, y la magia con cuerdas es muy divertida.

Capítulo 7: Desbloquear la magia élfica

Los elfos juegan un papel importante en la mitología nórdica[15]

Los elfos desempeñan un papel importante en la mitología nórdica. Son una raza de seres que encapsulan los bellos rasgos de los humanos, pero que pueden transformarse rápidamente y volverse iracundos. Parecen perfectos y viven una vida mágica bailando en los bosques y retozando con las criaturas que los habitan, pero si los examinamos más de cerca, no hacen más que reflejar lo que esperamos de unos seres perfectos. En cuanto se entra en su reino, se provoca su ira y producen enfermedades. No importa cómo se disculpe e intente retirarse, no funciona. Si los elfos le han disparado, las repercusiones son graves y a veces mortales.

Los elfos en la mitología

Los cuentos de Dinamarca, Escandinavia y otras zonas nórdicas están llenos de referencias a los elfos. Se les describe como criaturas hermosas de aspecto luminoso que permanecen jóvenes durante cientos de años. Si envejecen, es a un ritmo lento e imperceptible para el ojo humano, y a menudo se refieren a ellos como «la gente blanca». Son personajes volubles que parecen amistosos con sus cohortes humanos, pero que se enfurecen rápidamente si se sienten amenazados. Sus castigos incluyen enfermedades, terrores nocturnos, ataques físicos y bromas crueles a sus víctimas. Sin embargo, cuando los humanos se sienten mal por enfermedades naturales, suelen recurrir a los elfos para que les ayuden a curarse.

La mitología europea contiene historias sobre el nacimiento de elfos y la necesidad de comadronas y nodrizas humanas. Cuando una elfa da a luz, la única forma de que el niño sobreviva es con ayuda humana. Los elfos elegían a una comadrona experta que a menudo estaba casada con un predicador para que fuera con ellos al mundo élfico, acompañada de una serie de nodrizas que habían dado a luz recientemente a sus propios hijos.

Este grupo de mujeres permanecía en el reino de los elfos hasta que se consideraba que el niño estaba lo bastante sano como para sobrevivir sin su ayuda. Esto preocupaba a las mujeres que podían ser llamadas a desempeñar este papel, ya que si comían o bebían cualquier alimento en el mundo de los elfos, se les impediría regresar a la Tierra. Cualquier hospitalidad dada y recibida significaba el destierro y pasar el resto de sus vidas entre los elfos. No está claro si las mujeres tenían alguna opción sobre el viaje, pero existen numerosas historias de mujeres que llevaban comida y agua por si acaso eran llamadas para asistir a un nacimiento élfico.

La historia de Peter Rahm

Un predicador llamado Peter Rahm estaba casado con una comadrona, una pareja muy común en la época. Unos elfos místicos la convocaron para que asistiera al nacimiento de su hijo y les ayudara en el parto. Ella aceptó y viajó al reino de los elfos, donde cumplió con su deber. Una vez allí, los agradecidos padres le ofrecieron comida y bebida, que ella rechazó amablemente. Le ofrecieron una cama para descansar y agua para lavarse, pero ella rechazó ambas cosas. Una vez cumplidos sus deberes, regresó a casa de los Rahm. Al día siguiente, la pareja encontró una bolsa con piezas de plata, un regalo de los elfos por sus atenciones.

La fábula de la comadrona y el elfo

Un cuento danés narra la visita de un elfo a la Tierra en Nochebuena en busca de la ayuda de una comadrona para asistir el nacimiento de su hijo. El parto fue un éxito y la comadrona se quedó con la madre elfa, mientras el marido se llevaba al recién nacido para engañar a una pareja de humanos recién casados y hacer que regalaran su fortuna a su hijo. Mientras su marido estaba fuera, la esposa le dijo a la comadrona que rechazara cualquier hospitalidad que le ofrecieran mientras estuviera en el reino de los elfos. Explicó que había sido una mujer mortal que había trabajado como comadrona, pero cometió el error de aceptar comida mientras atendía el parto. Por ello, no pudo regresar al reino humano y fue maldecida y obligada a pasar el resto de su vida con los elfos. La comadrona siguió las instrucciones y pudo volver a la Tierra con su marido.

Los elfos y su relación con los humanos

Como en la mayoría de los cuentos nórdicos, las relaciones entre diferentes seres suelen abarcar diversos grupos y dar lugar a descendencia. Odín, Loki y otras deidades a menudo se emparejaron con otros seres para procrear algunos de los hijos más memorables de la mitología. El sexo, el amor y la pasión son las fuerzas motrices de la mayoría de los relatos nórdicos, por lo que el apareamiento con criaturas tan bellas es inevitable. Algunos relatos hablan de elfos que seducen a humanos desprevenidos para que mantengan relaciones sexuales con ellos, mientras que otros hablan de historias de amor y emparejamientos consentidos. Los hijos de estas uniones suelen ser increíblemente atractivos y hacen cosas extraordinarias.

Estos niños, mitad humanos y mitad elfos, suelen vivir vidas humanas y a menudo están destinados a ser grandes sanadores y versados en poderes mágicos. Se muestran como criaturas benévolas, bellas por dentro y por fuera. En las baladas y relatos de estas uniones, la pareja humana suele tener que cumplir una tarea para ganarse la mano de su novia elfa. Una tarea muy popular para conseguir la mano del cónyuge consistía en visitar el reino de los elfos y rescatar a un humano atrapado allí.

Wayland el herrero

Quizá el elfo más famoso de la mitología nórdica sea Wayland el herrero, conocido como Volund en los textos antiguos. Apareció en un cuento escandinavo en torno al siglo IX a. C., protagonizando una historia sobre el rey Nithuth y su terrible destino.

El elfo y su hermano tomaron esposas valquirias, que permanecieron con ellos un par de años, pero luego se fueron volando. El hermano partió en una misión para encontrarlas, mientras Wayland se quedó en casa y forjó una serie de anillos con gemas para regalárselos a su esposa cuando regresara. El rey Nithuth se enteró de esta labor y visitó la casa del elfo mientras dormía. El rey cogió el anillo más hermoso y se marchó. Cuando el elfo se despertó, pensó que su esposa había regresado, pero luego descubrió que le habían robado el anillo. Visitó el palacio del rey para reclamar su tesoro.

Entonces, el rey acusó al elfo de robo y entregó su espada y sus tesoros a su mujer y a su hija. Le cortó los tendones y lo desterró a una isla desierta con instrucciones de fabricar objetos preciosos para él durante el resto de su vida. Los hijos de Nithuth visitaron la isla para ver los objetos que el elfo había creado y fueron asesinados por el vengativo elfo, que hizo copas con sus cráneos y gemas con sus ojos mientras fabricaba un broche con sus dientes. La hija del rey visitó a Wayland para pedirle que arreglara su anillo, el mismo que él había originalmente para su esposa. Los dos bebieron juntos y la princesa se quedó dormida en su silla. Entonces, Wayland la convirtió en su amante y ella quedó ligada a él por quedar embarazada.

Hay una laguna en la historia, pero parece que el rey Nithuth convocó al astuto elfo para explicarle lo sucedido con sus hijos y a su hija. Wayland hizo jurar al rey que no le haría daño ni a él ni a su amante embarazada, la princesa, antes de confesar haber matado a los dos príncipes. El rey accedió y la historia concluye con el duende y su novia volando a salvo.

El cuento de Tam Lin

Aunque se originó en Escocia, el cuento de Tam Lin viajó por toda Europa. Se basa en la captura del elfo Tam Lin por parte de la reina de las hadas y su posterior rescate por una joven mortal. Tam era un elfo astuto que reclamaba la virginidad de cualquier doncella que pasara por su bosque, incluyendo a una joven doncella llamada Janet. Esta regresa a casa, descubre que está embarazada y desafía al elfo.

Está decidida a quedarse con el bebé, pero se ve obligada a tomar una hierba que le provoca un aborto. Regresa al bosque de Tam Lin en busca de la hierba y pregunta al elfo por sus orígenes. Él le cuenta que una vez fue un hombre mortal que se cayó de su caballo, fue capturado por la reina de las hadas y retenido contra su voluntad. Le dice que está previsto que se convierta en un sacrificio para los dioses del infierno en *Halloween* y juntos idean un plan para rescatarlo.

Tam le dice a Janet que irá montado en un caballo blanco, y que ella debe bajarlo del caballo y atraparlo para rescatarlo de su destino mortal. Le advierte que las hadas lo convertirán en todo tipo de bestias para obligarla a soltarlo, pero que no le hará daño. Llega la noche de *Halloween* y Janet espera en el bosque el desfile de los elfos. Divisa a Tam en su caballo blanco y lo tira de la silla. Cuando lo atrapa, las hadas lo convierten en una serie de bestias, pero ella no lo suelta. Las hadas convierten a Tam en un trozo de carbón al rojo vivo y ella se ve obligada a arrojarlo al pozo.

Lo esconde de las hadas cuando emerge en forma de hombre desnudo. La reina se enfada, pero acepta que Janet ha cumplido su tarea y deja que Tam vuelva a su forma mortal. Ambos abandonan juntos el bosque y viven felices para siempre.

Isabel y el caballero elfo

Por supuesto, esto es mitología; no todos los cuentos están llenos de amor y felicidad. El caballero elfo era un apuesto elfo de rasgos beatíficos y comportamiento bondadoso. Toca el cuerno y declara su amor a lady Isabel, cuyo corazón conquista. Ella acepta viajar con él al bosque verde para casarse con él y ser la madre de sus hijos.

Todo cambia cuando la pareja llega al bosque y el caballero elfo muestra su verdadera cara. Le dice a Isabel que ya había matado a siete princesas para amasar su fortuna y que planeaba matarla a ella también para robarle sus tesoros y convertirla en su octava víctima. Sin embargo, lady Isabel es muy lista y le dice al duende que se da cuenta de que ha sido derrotada. Le dice que apoye la cabeza en sus rodillas y pasen un rato juntos antes de que ella tenga que enfrentarse a su destino. Él lo hace y ella lo adormece con una canción, lo ata con su propio cinturón y lo mata con un cuchillo.

Folclore élfico

Ha habido muchas representaciones de los elfos y sus poderes en el pasado, pero difieren en determinadas culturas y mitologías. Son criaturas místicas que pueden causar y curar enfermedades. Se les relaciona con los mutantes por las historias en las que favorecían a los bebés humanos por encima de los suyos, especialmente a los nacidos de padres con rasgos bellos. La historia sugiere que el diezmo que pagaban al infierno cada siete años les permitía sacrificar a un mutante en lugar de a uno de los suyos.

Cuando los elfos robaban un bebé humano, se creía que dejaban atrás un bebé elfo, que luego era identificado como un mutante. El bebé podía parecer humano, pero tenía extrañas aflicciones que lo identificaban como mutante. El síntoma más reconocible era su necesidad de comer más que los bebés humanos, lo que indicaba un grave dilema para los padres. A menudo optaban por matar al bebé antes de que se convirtiera en un niño para asegurarse de que no les causara ningún daño.

Esto puede parecer escalofriante hoy en día. Se mataba a los bebés por ser diferentes, pero en aquella época no había otra explicación para que los niños fueran raros. La gente creía que fuerzas sobrenaturales gobernaban sus vidas y les culpaban de cualquier anomalía.

El folclore noruego cuenta que los espíritus de los muertos regresan en forma de elfos. En el cuento de Olaf el Santo, los antepasados regresan a la tumba del primer santo de Noruega y descubren que allí reside un elfo. Creen que es el espíritu del viejo rey y erigen un poste en el cementerio con la leyenda «Olaf, el elfo de Geirstad».

La magia de los elfos parecía explicar sucesos extraños como el nacimiento de un bebé con deformidades o enfermedades aparentemente sin origen. Se les culpaba de los sucesos más insólitos, y la palabra elfo se relacionaba incluso para explicar por qué ocurrían problemas mundanos. Por ejemplo, si el pelo de una persona se anudaba o enredaba alrededor de un objeto cualquiera, se le llamaba nudo de elfo.

Hoy hay explicaciones más científicas y modernas para los sucesos inusuales y no necesitamos explicarlas con razonamientos sobrenaturales, pero eso no debe impedir que nos interesemos por los elfos. En Islandia creen tan firmemente en ellos y en su reino subterráneo, que en 2012 se aprobó una ley para detener la construcción de una carretera que atravesaría una zona que sería el hábitat de los elfos. La protesta se llevó al más alto tribunal y dio lugar a una ley de obligado cumplimiento que prohíbe cualquier intromisión en zonas que se cree que están habitadas o tienen importancia para los elfos en cualquier lugar de Islandia.

Todavía creemos en los elfos en Navidad e imaginamos a los hombrecillos y las mujercitas verdes ayudando a Papá Noel en el Polo Norte a hacer regalos para los niños del mundo. ¿Quién no recuerda a Will Ferrel en el papel del elfo Buddy en la clásica película Elf? Se aleja mucho de la versión nórdica y de las bellas criaturas descritas en su mitología, pero sigue siendo relevante. La magia de los elfos reside en sus artimañas, su carácter juguetón y su fe en sí mismos. Sin duda, la mejor manera de adoptar la magia de los elfos es ser trabajador, buscar lo mejor para sí mismo y mantener la fe en lo que se cree.

Capítulo 8: Magia de enanos

Los enanos son criaturas prácticas y, aunque viven en un mundo de magia y brujería, solo creen en la magia práctica. Rechazan todas las demás formas de magia, como la brujería, y se prohíben a sí mismos y a otros enanos practicarla. Aunque mantienen vínculos con los elfos, existe una agria disputa sobre el uso de la magia curativa y las pociones. Los enanos solo confían en la magia que controlan y en la que produce cosas. Desprecian el mar y los cielos y nunca vivirían en un lugar que no fuera una zona con recursos sanos para utilizar en su trabajo.

Los enanos no utilizan el término magia, sino que unen esta práctica a su término preferido, la construcción. De este modo, practican la magia artesanal y producen los objetos más asombrosos de la mitología. La suya es una magia de las cosas y tienen su propia manera de convertir materiales aparentemente cotidianos en objetos mágicos y maravillosos. Algunos nórdicos consideran a los elfos seres mágicos, pero los enanos son maestros artesanos y los superan en conocimientos y habilidades. Son criaturas bajitas y rechonchas con rasgos deformes y feos, pero sus mentes están llenas de misterios y maravillas. Conocían las leyes de Newton mucho antes que existiera y comprendían intrínsecamente las leyes de la dinámica y la termodinámica. Utilizaban estos conocimientos para hacerse indispensables a los dioses y diosas, que recurrían a ellos una y otra vez para fabricar sus joyas, armas y otros objetos mágicos.

Enanos célebres de la literatura nórdica y escandinava

Hay tantas referencias en la mitología nórdica que haría falta un libro completo para enumerarlas todas y su importancia. La Edda en prosa y la Edda poética están plagadas de relatos sobre los enanos y su importante papel en las creencias nórdicas, pero aquí podemos relatar algunos de ellos para dar una idea del papel que desempeñaban en la sociedad.

Alberich aparece en los relatos germánicos de los poemas medievales conocidos como la *Thidriksaga*, donde se le describe como el rey de los seres sobrenaturales.

Austri es uno de los cuatro enanos encargados de mantener en alto el cráneo de Ymir para formar los cielos.

Billingr era el padre de una joven a la que Odín deseaba. Le dijo al dios que volviera esa noche y reclamara su premio, pero cuando Odín regresó, encontró el camino bloqueado por sabuesos y guerreros. Sin inmutarse, Odín regresó a la mañana siguiente y encontró a una perra atada a la cama de la doncella. El humilde enano había burlado al poderoso Odín y salvado a su hija de su destino.

Durim es el segundo enano creado y el líder de un poderoso grupo de enanos conocido como el monseñor.

Fjalar fue uno de los dos enanos que mataron a Kvasir y convirtieron su sangre en el líquido con el que se formó el hidromiel, que ha inspirado a eruditos y poetas desde entonces.

Galar fue el enano que ayudó a Fjalar a matar a Kvasir.

Ivaldi pertenece a un grupo de hábiles enanos que fabricaban vasijas para los dioses y las diosas. Son aclamados por su trabajo en el barco *Skipbladnir* para Freya y los mechones dorados que hicieron para sustituir el pelo de Sif cuando Loki la engañó. También son los expertos que están detrás de la construcción de la espada de Odín.

Mondul fue el maestro detrás de algunos de los ejes, barras y asas más robustos de los carros de los dioses.

Norori sostiene la punta norte del cráneo de Ymir que forma los cielos.

Sindri era un enano tan respetado, que Odín utilizó su nombre como término alternativo para el lugar donde se reunían las almas muertas.

Skirfir es el enano de los paneles que creaba los trabajos más resistentes y decorativos a partir de espigas.

Suori sostiene la punta sur del cráneo de Ymir.

Uri era el guardián de la herrería y jefe de los herreros. También se le conocía como el rey de los escudos.

Vestri tiene la punta occidental del cráneo de Ymir.

Esta lista no es ni mucho menos exhaustiva y las tierras donde vivían también se mencionan a lo largo de los relatos nórdicos. Los enanos son enigmáticos y reservados en cuanto a sus habilidades y prefieren trabajar lejos de las miradas indiscretas. La mayor parte de sus construcciones consiste en objetos sencillos con elementos mágicos y la forja donde se crean es un lugar sagrado.

La construcción

Aunque los enanos se dedicaban principalmente al trabajo mundano, cuando eran llamados para «fabricar» ciertos objetos, intervenían cuatro elementos individuales. Una forja especializada se componía de cálculos algebraicos, el carácter del artesano, el material utilizado y los métodos de construcción. Todos estos elementos hacían que cada forja fuera especial y personal para el enano que la utilizaba. Otro elemento destacable de la artesanía enana es la figura del *kunzler*, o artesano enano principal. Normalmente tenían un *knecht* trabajando con ellos, una versión nórdica del aprendiz, y el enano maestro era conocido como el *kunzler*.

Las herramientas que utilizaban les eran legadas por su maestro o las fabricaban con sus propias manos; los enanos eran muy recelosos de que los forasteros abusaran de sus conocimientos. Formaban sus propios gremios y solo permitían que se unieran a ellos miembros de confianza de la comunidad. Además, nunca escribían sus conocimientos en libros u otros textos. El aprendizaje era largo y arduo y solo los enanos más dotados lo completaban y se convertían ellos mismos en *kunzler*.

Los mundos de los enanos

Hay poca luz natural en el mundo de los enanos. No ven el negro como una sombra, sino como un estado del ser. Hay oscuridad en el mundo que yace bajo la piedra y sombra bajo la luz. La parte más brillante del mundo enano es la llama de su forja sagrada. El infierno enano es un lugar donde no pueden funcionar. Es un mundo de parálisis muda donde el aire es húmedo y frío, y las almas que viven allí nunca vuelven a sentir calor.

El *ethos* enano se basa en gemas, piedras y metales preciosos, y mientras los humanos y los dioses se referirían a la belleza de una gema o piedra preciosa, los enanos conocían la historia completa de cada pieza utilizada en su artesanía. Cada material tiene una historia muy profunda, que incluye de dónde se extrajo originalmente, quién lo encontró y cómo su pasado le ha dado forma. Esta reverencia es la que hace que los objetos acabados sean tan mágicos y que todos los busquen.

Esto nos lleva al último elemento de la magia enana, el pago. En todos los mitos nórdicos, los objetos mágicos enanos cuestan a sus potenciales propietarios un alto precio, que puede ser dinero, oro o un favor que el enano puede utilizar para mejorar su posición social.

Magia enánica moderna

Hoy vemos a los enanos como criaturas de ficción que aparecen en historias fantásticas y criaturas subterráneas que hacen su trabajo en secreto y desempeñan su papel en los cuentos que los presentan. Pero, ¿y si consideramos su *ethos* de forma más práctica? ¿Se puede hacer magia enana y convertirse en maestro de la transformación física?

Sí, se puede. Hay tantos recursos disponibles para aprender que se puede emular la magia enana de la mitología nórdica. Cree hermosas y sagradas piezas para usar a su manera la magia artesanal y traer la energía de estas criaturas mágicas. Si los enanos existieran hoy en día, serían la criatura nórdica que más encajaría. Son humanoides y laboriosos, y contribuirían a la sociedad.

Estudio de piedras y cristales para usar en la magia

La magia de la naturaleza nos rodea y conocer las propiedades de ciertos objetos potencia los hechizos y rituales. Construya una impresionante colección que le resultará útil y hermosa.

Ágata

El ágata marrón o dorada se utiliza para potenciar la magia relacionada con cuestiones mentales como el descubrimiento, la curación y la superación de problemas de salud mental. Aporta energía y ayuda a superar la soledad o la tristeza que se pueda experimentar. Llévela con usted para aportar energía a su día o colóquela bajo la almohada para que su sueño sea más reparador y esté libre de malas energías.

Amatista

La amatista, un cristal morado, está relacionada con el elemento del agua y se utiliza para agudizar la mente. Utilícela para limpiar sus espacios sagrados y crear zonas luminosas y benditos. Los antiguos griegos utilizaban este cristal para evitar la embriaguez, así que llévelo en el bolsillo si sale por la noche para evitar borracheras.

Piedra de sangre

Esta piedra verde con vetas rojas y doradas aporta energía solar y conecta con el planeta Marte. Tiene profundas conexiones con la sangre y se utiliza para aliviar trastornos sanguíneos o calmar problemas menstruales. Si está intentando concebir, lleve una piedra de sangre o úsela en rituales de fertilidad para mejorar sus posibilidades de quedar embarazada.

Cornalina

La cornalina se usa en hechizos y rituales de conexión a tierra[16]

El tono rojo o naranja con vetas blancas de la cornalina es comparable al de los paisajes del suroeste americano. Se asocia con el elemento tierra y se utiliza en hechizos y rituales de enraizamiento. Es una potente piedra de la fertilidad y puede utilizarse para tratar la impotencia y la infertilidad.

Utilice la cornalina para mantener sus herramientas mágicas libres de energía negativa y cree un talismán para utilizarlo como escudo mágico.

Diamante

Vinculado a los elementos aire y fuego, también está relacionado con la energía solar y el cielo. Aunque casi siempre son defectuosas, tienen una energía poderosa y pueden utilizarse para favorecer las comunicaciones astrales y la adivinación. También ayuda en la meditación y se utiliza en rituales para fomentar la intuición y la claridad mental.

Granate

Estas gemas de color rojo sangre y a veces morado tienen fuertes conexiones con el elemento fuego y la diosa eterna. Sin embargo, son una piedra muy relacionada con la mujer, que puede utilizarse en todo tipo de hechizos. Utilice el granate para desvelar los misterios del cuerpo femenino y tratar cualquier problema. Tenga en cuenta que los granates obtenidos mediante engaño o robo conllevan una maldición que permanece hasta que se devuelven a su legítimo propietario. Los granates son especialmente importantes para equilibrar las energías y conectar las partes físicas y espirituales de la psique humana.

Rosa de hierro

También conocida como hematite, es una de las piedras más importantes que puede tener en su colección. Se utiliza en el *feng shui* para crear espacios seguros, así que puede utilizarla para proteger su hogar y su espacio sagrado. Colóquela en el alféizar de la ventana o encima de la puerta para crear un entorno seguro. Lleve consigo una rosa de hierro para favorecer las comunicaciones psíquicas y ahuyentar el estrés. Mejorará su confianza y lo hará más decidido y exitoso.

Jade

Utilizado en la magia oriental, el jade es una piedra verde impresionante que puede parecer blanca, gris o incluso rosa bajo diferentes luces. Es una piedra calmante conectada al elemento tierra. Utilícela para sanar los órganos internos y aportar una sensación de equilibrio entre sus energías físicas y espirituales.

Jaspe

Se trata de una piedra densa de color rojo parduzco salpicado de otras tonalidades terrosas. Se asocia con el elemento tierra y se utiliza en terapias curativas y rituales. Es perfecta para enraizarse y conectar su espacio a tierra después de un hechizo o ritual. También puede utilizarse para centrar la energía. Su energía terrosa se asocia con la potencia sexual y ayudar a recuperar el vigor en la vida sexual si se coloca debajo del colchón.

Lazurita

También conocida como lapislázuli, esta piedra de belleza única se presenta en una gama de tonalidades que van desde el azul pálido a un azul más intenso, como el cielo nocturno, dependiendo de dónde se extraiga. Su color recuerda significativamente al elemento agua y se utiliza para tratar la depresión y aliviar la ansiedad. Utilícelo en su magia para fomentar las conexiones psíquicas y para entrar en comunión con lo divino. El lapislázuli es un elemento relajante que favorece la mediación y ayuda a alcanzar estados alterados de conciencia. En las tradiciones egipcias, la lazurita se utilizaba a menudo en rituales funerarios y para decorar sarcófagos.

Piedra de luna

Como su nombre indica, esta piedra tiene fuertes conexiones lunares y está intrínsecamente ligada a las deidades femeninas que utilizan la energía lunar. Es la energía femenina la que ayuda con los problemas menstruales y de reproducción, y aporta un aura calmada y relajante cuando se porta. Utilícela en ceremonias para celebrar el poder de sol y de Mani, el dios y la diosa nórdicos del sol y la luna. Llévela consigo para sentirse tranquilo y equilibrado, especialmente en momentos de estrés.

Obsidiana

Negra y brillante, esta piedra tiene mucha presencia y se utiliza para extraer las toxinas de la sangre y el cuerpo. Utilícela colocándola bajo sus pies mientras realiza un trabajo energético para expulsar cualquier negatividad o energía nociva. Está muy relacionada con el elemento fuego y debe utilizarse en rituales de intuición y adivinación.

Ópalo

A menudo descrito como una piedra de mala suerte, el ópalo ha sido malinterpretado. Se presenta en una gama de tonos que van del luminiscente y pálido al azul oscuro con vetas verdes y amarillas. A la luz de las velas, parece iluminado desde dentro. Vincula los cuatro elementos, lo que la convierte en una parte esencial de una colección de piedras mágicas. Utilícela para proteger su espacio físico y sanar su energía psíquica. Tiene una poderosa cualidad de absorción, que atrae tanto las fuerzas positivas como las negativas, lo que la convierte en un poderoso potenciador cuando se utiliza en la magia.

Cuarzo

Hay tantos tipos de cuarzo que es difícil elegir en cuál centrarse. Elija el cuarzo rosa para el romance o el transparente para trabajos más generales. Todos los cuarzos están relacionados con los cuatro elementos y son versátiles y poderosas cuando se utilizan con fines curativos y de protección. Favorecen el crecimiento espiritual y divino y ayudan a conectar con el universo.

Zafiro

Su color habitual es el azul, pero también hay zafiros blancos y amarillos. Se asocian con el agua y aportan energía para conectar con los guías espirituales y recibir sus mensajes.

Ojo de tigre

La coloración y las bandas negras de esta piedra dan la impresión de estar mirando el ojo de un tigre, lo que explica su nombre. Está relacionada con el elemento fuego y se utiliza para hechizos y rituales de salud en general. Incorpórela a su vida para aumentar la confianza en sí mismo y protegerse de las fuerzas negativas de los demás.

Turquesa

Asociada a las prácticas de los nativos americanos, esta llamativa piedra es azul con vetas negras o blancas. Es una poderosa piedra curativa que aporta conocimiento y sabiduría a quien la lleva.

Circón

Parece un diamante, pero es más asequible y puede utilizarse para crear la misma energía en la magia. Tiene una fuerte energía sexual y se utiliza en rituales para mejorar las relaciones y la fertilidad.

Capítulo 9: Guía para la práctica del *trolldom*

La práctica de este libro está diseñada para ayudarle a vivir mejor y a convertirse en la persona que quiere ser. Las creencias nórdicas y el *trolldom* le permiten tomar decisiones y ser el arquitecto de su propio destino. Le animan a confiar en sus instintos, y por eso hay un cambio significativo en quienes eligen abandonar las religiones tradicionales para tomar los caminos nórdicos. Entienden que la elección y la libertad han estado restringidas durante generaciones y que ciertas religiones centran sus doctrinas en el miedo y los castigos para gobernar a las personas mediante la opresión y las reglas fijas.

¿Por qué los librepensadores tienen que seguir normas arcaicas que no tienen relevancia en la sociedad moderna? Las prácticas nórdicas y las creencias paganas devuelven el poder y dan la libertad de abandonar el monoteísmo y abrazar una serie de deidades. El *trolldom* es un término que engloba varias de las prácticas que hemos tratado y muchas más. No hay límites a los que ceñirse y cada día es una experiencia de aprendizaje. Hay muchos recursos a los que recurrir y gente con ideas afines a la que conocer.

Las religiones tradicionales pretenden constantemente que sus seguidores pidan perdón. Puede que su sexualidad no se ajuste a la norma. A los creyentes se les pide que se ajusten a rituales arcaicos, aburridos y pobres que no son agradables ni satisfactorios. Los rituales nórdicos y escandinavos están llenos de pasión y creencias alimentadas por los deseos y necesidades. Puede adaptar la magia para que funcione y haga su vida más rica en todos los sentidos. ¿No le parece mucho mejor que sentir culpa y pedir perdón por cosas que se escapan de su control?

Sociedades nórdicas

Alianza *Asatru*

Este es un grupo *heathen* estadounidense fundado en 1994 que ofrece un lugar seguro para que paganos y *heathens* se encuentren, compartan ideas y adquieran conocimientos. Practican el antiguo *asatru*, anterior al cristianismo y principal religión reconocida por el *trolldom*.

Ofrecen cursos sobre habilidades tradicionales y artesanías de la época y animan a sus miembros a participar. Celebran el poder del hidromiel y su importante papel en los rituales. Tienen un calendario en línea que indica a los seguidores cuáles son las fiestas especiales, la fecha en la que se celebran y destaca a cualquier grupo local que celebre esas fechas.

Hay enlaces y recursos para ponerse en contacto con otras comunidades que le atraigan. La Alianza tiene su sede en Arizona, pero hay comunidades en todo el mundo que siguen las costumbres nórdicas. El movimiento empezó a despertar interés en la década de 1970 y ha crecido exponencialmente desde entonces. Se ha convertido en la religión que más ha crecido per cápita en los últimos diez años y atrae especialmente a los miembros más jóvenes de la sociedad.

¿Por qué las personalidades de las creencias nórdicas atraen seguidores?

Son falibles. Sencillamente, la gente puede identificarse con ellos y con sus vidas. Odín, el amo de Asgard y señor del pueblo nórdico, cometió errores. Tuvo aventuras y seres inferiores le engañaron. Su vida amorosa fue complicada y sus hijos no siempre fueron los mejores. Freya, Loki, Thor y Bader forman parte de nuestro lenguaje gracias a la cultura popular, pero, aunque las películas se parecen poco a la mitología, han elevado el interés por todo lo nórdico. Todo el universo nórdico está lleno de seres maravillosos, como los elfos y los enanos que hemos estudiado. Los dioses y diosas eran sobrecogedores y polifacéticos. Podían ser benévolos, temibles, crueles o destructivos, según la situación, pero nunca aburridos.

Los relatos de la mitología nórdica están llenos de valentía para desafiar a la muerte, algo con lo que todos podemos identificarnos. Como ya hemos descubierto, la religión nórdica no tiene reglas ni doctrinas rígidas, y el *trolldom* no es diferente. Sugiere que todos podemos mejorar y convertirnos en seres más productivos, pero permite que elijamos cómo hacerlo. Las virtudes que promueven los nórdicos son obvias, pero la sociedad moderna nos ha hecho olvidar la importancia de hacer lo correcto. Se nos empuja a triunfar a cualquier precio, a menudo a costa de los demás. ¿Cuándo nos volvimos tan despiadados que está bien pisotear a otros solo para tener éxito o riqueza?

¿Son la fama, la riqueza y las necesidades materiales su motor? ¿Haría cualquier cosa por conseguir sus objetivos? ¿O se esfuerza por tener éxito y al mismo tiempo hacer del mundo un lugar mejor? Todos podemos ser ambiciosos e intentar alcanzar las estrellas, pero intentemos volver a algunas de las virtudes más nobles que se mantuvieron firmes en el pasado. Antes de la llegada de la tecnología y la industria, antes de la época en la que esperábamos tener todo lo que queríamos con el menor esfuerzo, había un código por el que vivir. Una serie de virtudes que significaban mucho para los nórdicos están renaciendo a medida que se abrazan los valores de tiempos más sencillos.

Los nueve valores nobles del pueblo vikingo

Puede que algunos cuestionen las costumbres de los vikingos para representar la nobleza de la época nórdica. Sin duda, eran guerreros sedientos de sangre que saqueaban monasterios y cometían actos atroces en tierras extranjeras. Esa es una opinión y es comprensible que sea una concepción común de las hordas vikingas debido a la representación mediática, pero cuando se estudia más de cerca, la raza vikinga era mucho más que violencia.

Vivían en una sociedad civilizada que tenía estructura y gobierno. Celebraban tribunales para decidir lo que era correcto y cómo tratar a los infractores de la Ley. A sus hijos se les enseñaban las artes nobles y tanto los niños como las niñas eran instruidos en el arte de la lucha. Eran pioneros que se hacían a la mar para explorar y buscar nuevas tierras para su pueblo y, sobre todo, eran agricultores. Su conocimiento de la tierra era ejemplar y tenían la habilidad de cultivar incluso en los entornos más sombríos. Recordemos que las tierras nórdicas son una zona hostil del mundo, con climas fríos y duros y una falta de sol que hace que incluso los cultivos más resistentes sean difíciles de mantener, pero los vikingos consiguieron que estas tierras fueran fértiles y prosperaron.

Los vikingos llevaban un estilo de vida guerrero, pero también abrazaban la sabiduría y las virtudes. Tenían un código noble y verdadero que coincidía con otros códigos guerreros de todo el mundo. Esto demuestra que hubo un tiempo en el que todo el mundo reconocía que el verdadero carácter y el honor eran universales. Seguir los valores nórdicos puede ayudarnos a volver a esa época.

Coraje

La valentía no solo es necesaria en el campo de batalla. Debe ser algo que practiquemos todos los días. Levante la cabeza y hágase oír, incluso cuando su opinión difiera de la corriente dominante. Defienda a quienes no tienen voz y sea su protector. Valentía significa desafiar a los demás y no conformarse solo porque es la opción más fácil. Use su sabiduría y discreción para elegir sus batallas y evite actuar de forma temeraria, así no parecerá un tonto. Sea un guerrero, pero luche por cosas en las que cree honestamente en lugar de batallas que ya se han perdido.

Verdad

La honestidad es un valor que ha caído en desuso. Mentir y faltar a la verdad es tan habitual que parece aceptable y forma parte de conseguir lo que se quiere. En realidad, mentir es de cobardes y significa que no se puede afrontar la verdad. Si sabe que algo no es cierto o no cree que lo sea, dígalo. No siga con la mentira solo porque es más fácil que ser sincero.

Cada persona percibe las cosas de manera diferente y lo que es verdad para unos puede no serlo para otros; eso está bien. El mundo sería aburrido si todos pensáramos igual, pero usted puede ser un guerrero contra la mentira y tener sus propias opiniones. Viva según su verdad, tanto como pueda, lleve la bandera contra la mentira y respete el derecho de los demás a creer en lo que quieran. Cuando se miente a sí mismo, se mete en un camino de mentiras. Si no puede ser sincero con usted mismo, ¿cómo va a serlo con los demás?

Hay una forma correcta de hacer las cosas y, como guerrero, usted debe elegir. El código vikingo permitía a sus guerreros mentir si les estaban mintiendo, enfrentar a sus oponentes de igual a igual les daba ventaja. El verdadero honor no siempre es sencillo; debe decidir qué es lo correcto según sus intenciones y hacerlo. La honestidad no debe ser brutal y la discreción es la mejor parte del valor.

Honor

¿Cuánta gente utiliza actualmente la palabra honor, excepto en los votos matrimoniales? Hay lugares de honor que son importantes y dignos y está la cualidad de saber lo que es correcto. Los honores se conceden a quienes hacen cosas maravillosas, pero cuando se trata de virtudes, lo que consideramos honorable importa. El honor es la brújula moral interna y no la reputación.

El honor no se origina en lo que los demás piensan de usted, sino en lo que usted piensas de sí mismo. Los guerreros nobles que viven según su código moral tienen muy pocos remordimientos. Tienen un alma honorable y viven una vida ética y moralmente sana.

Fidelidad

Otro término aparentemente arcaico, la fidelidad, significa simplemente ser leal. La mayoría de la gente asocia esta virtud únicamente con el matrimonio, pero cuando se aplica al resto de la vida, se entiende perfectamente por qué es una virtud tan importante. Sea fiel a sus amigos, a su familia y a su pareja. Las familias vikingas creían que, si eran atacadas, tenían la obligación de contraatacar. Esto es distinto de la venganza y significa cumplir con la obligación de mostrar fidelidad a los demás. Por supuesto, en la sociedad moderna no creemos en la mentalidad del ojo por ojo y confiamos en la ley para corregir los agravios contra nosotros, pero eso no significa que la fidelidad sea una virtud perdida.

Demuestre fidelidad estableciendo un vínculo con sus seres queridos. Hágales saber que siempre estará ahí para ellos y que les cubre las espaldas. Nunca falte al respeto a ese vínculo, aunque tenga muchas presiones para ir en su contra. Sea fiel a sus dioses, amigos y familiares; lo verán como un aliado leal y digno. Tómese su tiempo para crear estos lazos y solo entregue su fidelidad a quienes la merezcan, ya que es un regalo que no debe darse a la ligera.

Disciplina

Un viejo dicho nórdico dice: «Quien vive sin disciplina, muere sin honor», lo que resume lo que ocurre cuando no se tiene disciplina. Se trata de una virtud delicada, ya que a veces implica que el propio código ético difiere del que dicta el gobierno u otros compañeros. Manténgase firme y sea valiente con sus decisiones, no perfeccionará la autodisciplina de la noche a la mañana y se necesita una fuerza de convicción que lo pondrá a prueba. Controle sus respuestas emocionales y ejerza la autodisciplina para tomar las riendas de su vida.

Hospitalidad

Aunque no es el rasgo guerrero más obvio, la hospitalidad es, sin embargo, especialmente importante en el código vikingo. Creían que los dioses y diosas visitaban regularmente la Tierra y se hacían pasar por mortales para evaluarlos, y ellos no querían faltarles al respeto si se encontraban. Los hogares vikingos acogían a extraños y viajeros en sus casas y los trataban con respeto. Esta virtud tiene que ver con la ética personal, independientemente de lo que merezcan los demás. Siempre se debe comportar con los demás como le gustaría que se comportaran con usted.

Laboriosidad

La pereza no estaba permitida en la época nórdica. La tierra era cruel y había que trabajarla para producir alimentos. Los mares también eran peligrosos para viajar y devolvían cualquier falta de trabajo con crueldad y muerte. Los verdaderos guerreros trabajan duro y con inteligencia para utilizar su tiempo de forma eficiente. Esto puede parecer obvio en el trabajo, pero ¿su laboriosidad solo se aplica en el lugar de trabajo? ¿Y en casa? ¿Llega del trabajo y espera que todo esté hecho para usted? Intente ser más productivo en todos los ámbitos de su vida y coseche los frutos.

Mediocre es una palabra que no está incluida en la ética laboral nórdica. Creen que, si se hace algo, debe hacerse de la mejor manera posible. Aumente sus expectativas y los demás le seguirán. Predique con el ejemplo y muestre al mundo de lo que es capaz; su autoestima crecerá, al igual que sus logros.

Confianza en sí mismo

Los vikingos no tenían un estado de bienestar al que recurrir; su familia y sus amigos les necesitaban para sobrevivir. Creían que ser responsable del propio destino y el del círculo cercano dependía de cada individuo. Cuando un grupo de guerreros piensa así, son individualmente fuertes y, si trabajan en grupo, son invencibles.

Demasiada gente depende de los demás para sobrevivir. Se ha perdido ese importante valor de autosuficiencia para cosechar beneficios derivados de los propios actos. Hay un lado muy egoísta en la sociedad actual, en la que creemos que tenemos derecho a ciertas normas. Por supuesto, nuestra forma de vivir es diferente a la de los nórdicos, pero eso no significa que debamos esperar que los demás cubran nuestras necesidades básicas.

Pruebe otra forma de pensar y sea más autosuficiente. Ahorre dinero para las grandes compras en vez de recurrir al crédito. Sea frugal y disfrute de los resultados de su trabajo teniendo en cuenta cada céntimo que gasta y apreciando los bienes que gana. Todos queremos lo mejor para nuestras familias, pero ¿les estamos enseñando las lecciones correctas cuando dependemos de fuentes externas? No, no lo hacemos, y eso tiene que acabar; eduque a sus hijos para que entiendan que las cosas buenas llegan a quienes confían en sí mismos y se esfuerzan.

Perseverancia

¿Ha detectado un tema común en las ocho virtudes anteriores? Todas ellas requieren esfuerzo y lleva tiempo dominarlas, por lo que parece inevitable que la perseverancia se aplique a todas ellas y sea el último valor de la lista. De nada sirve esforzarse por superarse si no se posee la virtud más importante: el poder de superar obstáculos o dificultades y continuar, la tenacidad para alcanzar las metas y la fuerza para seguir adelante cuando las cosas se ponen difíciles.

No se adopta un estilo de vida guerrero para divertirse. Comprometerse con las virtudes del *trolldom* nórdico es un compromiso para toda la vida. O tiene las cualidades necesarias, o no las tiene. No se trata de juzgar a nadie, no todos los seres humanos están destinados a ser guerreros, pero si tiene la entereza de carácter para fracasar, levantarse de ese fracaso y seguir adelante con la determinación de triunfar la próxima vez, entonces es un guerrero en potencia.

Más formas modernas de llevar una vida nórdica

¿Sabía que, en 2016, en un informe sobre los lugares más felices del planeta, cuatro de los cinco primeros países eran nórdicos? Dinamarca encabezaba la tabla e Islandia, Suecia y Finlandia ocupaban los puestos tres, cuatro y cinco. Suiza ocupaba el segundo lugar y Estados Unidos el decimotercero. La encuesta se basó en la felicidad proporcionada por las estructuras sociales, la libertad de elección, la generosidad de la gente y los bajos niveles de corrupción. También se tuvieron en cuenta el apoyo social, el PIB per cápita y los niveles de igualdad para calcular un índice de felicidad.

El entonces presidente de Estados Unidos, Barack Obama, quedó tan impresionado con los resultados que sugirió que los países nórdicos se encargaran de dirigir el mundo durante un tiempo para limpiar las cosas. No es de extrañar, entonces, que la gente recurra al *trolldom*, al *asatru* y a las influencias nórdicas para mejorar su vida. He aquí algunas sugerencias sobre cómo adoptar el estilo de vida *Hygge*, o lo que los habitantes del helado norte describen como el arte de vivir bien.

Es posible que no pueda emular la equidad de los países nórdicos en educación, cuestiones de género y otras facilidades sociales. Su sociedad igualitaria garantiza a todas las personas el acceso a los mismos servicios, independientemente de su origen. Pero sí se puede nordificar la propia vida y hacerla más cómoda, sana y satisfactoria.

Hygge

Hygge procede de la antigua palabra nórdica *hugr*, que significa alma, mente y conciencia. No es una moda ni se trata de abrazar la cultura escandinava. Se trata de estar en el presente y apreciar lo que ocurre alrededor. No ocurre en internet, pero la comunidad mundial puede contribuir a la experiencia. ¿Suena confuso? No lo es, pero vamos a explorar cómo estar en casa con los seres queridos es mucho más importante que cualquier otra conexión.

Otra palabra escandinava que hay que aprender es *pyt*, cuya traducción significa «olvídalo» o «vale, ya ha pasado, sigamos adelante». Utilícela cuando alguien se disculpe por algo trivial, como derramar agua sobre su alfombra o chocarle el brazo al pasar. ¡*PYT*! ¡Siga adelante y supérelo! Pruebe ahora este concepto y experimente lo bien que sienta no preocuparse por los pequeños detalles.

Algunas personas creen que el estilo de vida *hygge* consiste en decorar la casa con objetos blancos, velas, enormes cojines en un sofá de lino y materiales naturales. No se trata de lo que se tiene o no se tiene, sino de cómo se vive y de las interacciones con los demás. El *hygge* se basa en la falta de ostentación y en contentarse con lo que se tiene. Esto no significa no tener ambiciones, sino todo lo contrario. Su ambición es tener una relación equilibrada entre el trabajo y la diversión y saber relajarse.

Por dónde empezar

Por usted mismo. Así de sencillo, mírese bien a usted mismo y lo que aporta. ¿Es capaz de desprenderse de su ego y ser usted mismo con los demás? ¿Sabe reír de sí mismo y ser indulgente? El *hygge* consiste en soltar las ataduras y disfrutar el momento. Deje su teléfono en espera y mire a la gente a los ojos mientras brinda con una copa de vino, agua o lo que tenga a mano y vea qué pasa después.

Conversaciones escandinavas

¿Cuáles son los temas más populares para las conversaciones de estilo *hygge* escandinavo? Cualquier cosa espontánea y que no tenga que ver con el progreso. No se concentre en el *networking* (posiblemente la palabra más *antihygge* de la historia) ni en su futuro; hable de lo que importa ahora. La última película que ha visto o una anécdota divertida sobre lo que le pasó cuando fue de compras la semana pasada. Imagínese la plaza de un pueblo nórdico llena de lugareños charlando sobre recetas, el tiempo o la moda local. Son conversaciones espontáneas y llenas de risas. Establecer vínculos sobre temas locales es muy gratificante, y la espontaneidad se ha olvidado.

Puede haber conversaciones serias, pero no tienen por qué ser una cuestión de vida o muerte. El *hygge* proporciona un entorno seguro en el que todos pueden expresar sus opiniones sin temor a represalias. Se puede hablar y debatir sobre todo tipo de temas; en eso consisten las conversaciones escandinavas: igualdad y respeto. ¿Por qué hay gente que cree que la felicidad está ligada al estatus económico, cuando se puede observar a quienes lo han alcanzado y verles infelices? Lo escandinavo y el *trolldom* consisten en valorar el contacto humano y la interacción en su forma más pura y en sentirse energizado por la compañía que se tiene.

Otras maneras de vivir al estilo nórdico

Ponerse en forma

Todos queremos poner nuestro cuerpo en forma y los entrenamientos vikingos son la manera perfecta de conectar con la vida nórdica y salir más al aire libre. Eche un vistazo a *Scandinavian fitness* en línea y aprenda de una antigua remadora olímpica, Linda, cómo utilizar ejercicios de gateo, pesas y movimientos físicos al aire libre para ponerse en forma. Ella lo hará sudar y perder el aliento, obteniendo unos resultados asombrosos.

Alimentarse con comidas de la estación

Estamos acostumbrados a tener todos los alimentos, sin importar la temporada, porque importamos todos los productos. Pruebe otra forma de comer y elija alimentos y verduras disponibles en fuentes locales. Busque y recolecte bayas silvestres para que su comida sea más sabrosa y sana. La alimentación nórdica limpia es una forma perfecta de afinar sus papilas gustativas con un nuevo tipo de comida, cocinada desde cero y llena de productos de temporada.

Añada más cereales y pescado para emular una dieta escandinava y verá que la comida es más variada, asequible y disponible. Le ayudará a reducir el colesterol y la tensión arterial con ingredientes nutritivos y vitaminas. Pruebe el *Libro de cocina nórdica* de Magnus Nilsson, jefe de cocina de un restaurante sueco de primera categoría.

Volver a la naturaleza

Adquiera una comprensión más nórdica explorando la naturaleza[17]

Si alguna vez ha visto algún documental o programa sobre la región nórdica, no habrá dejado de fijarse en la cantidad de piscinas, spas y otras instalaciones de ocio al aire libre. No ven las inclemencias del tiempo como una razón para quedarse en casa y relajarse viendo Netflix. Lo ven como una oportunidad para salir y experimentar el placer de la vida al aire libre. Cambie su forma de ver las cosas y apúntese al estilo nórdico con unas vacaciones más aventureras. No importa dónde viva, habrá una oportunidad para que tome un descanso en la naturaleza. Una cabaña en el bosque o unas vacaciones de senderismo, da igual. Deshágase de los lujos y experimente las alegrías de la madre naturaleza.

Tomar una sauna

La limpieza debe ser tanto interna como externa y a los nórdicos les encanta experimentar un sudor intenso seguido de una zambullida helada en el agua para crear la yuxtaposición entre calor y frío. Averigüe si hay una sauna tradicional de leña cerca de usted para poner a trabajar sus glándulas sudoríparas. No hay nada mejor después de una época estresante que relajarse en el vapor, sudar las toxinas de la vida y luego sumergirse en el agua helada.

En resumen, para celebrar el *trolldom* y todo lo nórdico, debe crear un equilibrio en su vida, sus relaciones, su alimentación y sus emociones. Sin embargo, puede darse un chapuzón practicando la magia de cordón y haciendo pulseras bonitas, o puede ponerse en plan guerrero vikingo. La elección es suya y siempre lo será.

Capítulo extra

Una guía completa de las pociones del capítulo 4 para que pueda imprimirlas y añadirlas a su libro de hechizos o libro de las sombras.

Poción de amor de hibisco

Esta sencilla hierba no contiene cafeína y puede consumirse tanto caliente como fría. Haga una buena cantidad y guárdela en la nevera para cuando necesite una inyección de autoestima.

Lo que necesita:

- Té de hibisco.
- Azúcar.
- Hojas de menta.
- Una vela rosada.
- Un contenedor pequeño de metal.
- Una taza.
- Agua.

Vista su altar con un paño blanco y ponga una vela sobre él. Apague todos los aparatos electrónicos y manténgalos fuera de su espacio sagrado. Ponga música relajante o simplemente disfrute del silencio. Caliente el agua en el recipiente metálico con la llama de la vela mientras recita lo siguiente «Soy amado, soy digno de ese amor y lo acepto con el poder del universo. Tráeme una oleada de paz interior y permíteme librarme de la negatividad y la oscuridad mientras dejo que la luz del mundo me llene».

Añada el té y el agua a su taza y endúlcelo a su gusto. Agregue la menta y bébalo después de que se haya infusionado. Mientras bebe el té, imagine su mejor vida, ese trabajo del que sabe que es digno, la pareja que sabe que merece, y véase lleno del amor de la gente que lo rodea.

Poción curativa para dolencias menores o para potenciar la energía

Se trata de una infusión sencilla que le hará sentir lleno de energía y ahuyentará esas molestas dolencias.

Lo que necesita:

- Dos pedazos pequeños de corteza de sauce.
- Una cucharadita de extracto de vainilla.
- Una cucharadita de jugo de manzana.
- Una pizca de salvia.
- Una pizca de romero.
- Dos medidas de jugo de limón.
- Agua.

Vista su altar con un paño azul claro y coloque los ingredientes en su caldero. Añada el líquido base que prefiera. En este ejemplo hemos utilizado agua hervida. Mientras el agua hierve, recite este mantra: «Líquido curativo, sé mi bálsamo, detén el dolor y cura el daño». Una vez que el líquido se haya enfriado, viértalo en una taza y beba el té a sorbos mientras imagina que todo el dolor abandona su cuerpo. Imagine que la luz blanca lo llena de energía y entusiasmo por lo que le depara el día e imagine que el cansancio abandona su cuerpo y se aleja flotando en el éter.

Poción para el frío y la gripe

Lo que necesita:

- Jengibre, la raíz seca o molida.
- Una cucharadita de jugo de limón.
- Una cucharadita de miel de manuka.
- Una pizca de canela.

- Azúcar morena.
- Agua o té de limón.

Puede preparar esta poción en su altar o en la cocina. Añada todos los ingredientes a una olla y déjelos hervir a fuego lento durante diez minutos mientras recita lo siguiente: «Poción mágica, haz lo tuyo, aclara mi garganta para que pueda cantar, deja que tu magia alivie mi alma y me haga sentir completo para siempre». Una vez que la poción se haya enfriado, endúlcela y bébala siempre que lo necesite.

Poción protectora para mantener la energía negativa a raya

Esta poción puede usarse para mantenerse a salvo o esparcirse por toda la casa para una mayor protección. Puede embotellarse y utilizarse hasta tres meses después de prepararla.

Lo que necesita:

- Una bolsa de té de jazmín.
- Una cucharadita de miel de manuka.
- Dos clavos de olor.
- Una cucharadita de jugo de limón.
- Tres hojas de laurel.
- Una pizca de pimienta negra.
- Agua.
- Una taza.
- Azúcar.

Vista su altar con una tela dorada o roja y decórelo con sus cristales o piedras preciosas favoritas. Añada cualquier cosa que sienta que representa las partes favoritas de su vida, como las llaves de su casa, joyas o fotos de su familia o amigos.

Coloque el caldero en el altar, añada los ingredientes (excepto el azúcar) y repita la siguiente oración. «Invoco a la divinidad para que me haga sentir seguro. Bendíceme con tu energía que todo lo abarca y protégeme de cualquier daño. Sé mi guardián y dame la fuerza para proteger a los demás y a mí mismo».

Ahora lleve el caldero a su cocina y prepare la poción. Utilícela para consagrar su casa o bébala según sus necesidades. Imagine una cúpula blanca brillante rodeando todas las cosas que ama y luego imagine que las fuerzas negativas son repelidas hacia la oscuridad.

Poción de frambuesa y miel

Esta poción alcohólica se usa para limpiar y purificar la energía y atraer nuevos amores o amigos.

Lo que necesita:

- Vodka de frambuesa.
- Té de frambuesa.
- Té de hibisco.
- Una cucharadita de sirope de caramelo.
- Jugo de limón.
- Miel.
- Licor de menta.
- Hielo.
- Una coctelera o caldero.

Puede hacer más mágico el proceso cubriendo su altar con telas rosadas, amarillas o blancas y un par de velas, pero esta poción en realidad se trata solo del producto final. Añada todos los ingredientes al recipiente elegido y remueva o agite. Añada el hielo mientras mezcla o póngalo en un vaso para enfriar el líquido. Mientras bebe su poción, agradezca a los dioses, diosas y al universo por su buena fortuna y por interesarse por usted y por su vida.

Poción de amor con base de vino

Esta es una sabrosa poción diseñada para los largos y calurosos días de verano, llenos de la promesa del romance y la alegría de un nuevo amor.

Lo que necesita:

- Vino, puede ser blanco o rosado.
- Duraznos frescos.
- Frambuesas.

- Vainas de vainilla.
- Una ramita de menta.
- Hielo.
- Un vaso.

Llene el vaso con hielo y añada el vino. Mientras añade los demás ingredientes, pida al cielo que le envíe energía positiva y una visión de su pareja perfecta. Una vez removida y enfriada la poción, bébala lentamente e imagine cómo serán los dos en el futuro. Agradezca a la diosa del amor y el romance por su ayuda.

Poción para dormir

Lo que necesita:

- Una medida de ron oscuro.
- Canela.
- Azúcar morena.
- Agua o leche, según su gusto.
- Una vela anaranjada.
- Esencia de lavanda.
- Un caldero.
- Una copa.

Cubra su altar con una tela de color apagado y ponga la vela naranja sobre la superficie. Ponga el ron, la canela, el azúcar y el agua o la leche en el caldero y llévelo a punto ebullición antes de que hierva a fuego lento durante dos minutos. Lleve el caldero al altar, encienda la vela y rocíe la esencia sobre el altar mientras vierte la poción en una copa. Recite lo siguiente «Llévame a la tierra del descanso y haz que mi sueño sea el mejor, ayúdame a soñar con el pasado y el presente y muéstrame cómo estar preparado para el futuro».

Beba la poción y deje caer los ojos mientras imagina un futuro lleno de amor y éxito.

Vino para la pasión

Lo que necesita:

- Una botella de vino tinto o blanco suave.
- Cinco hojas frescas de albahaca.
- Seis pétalos de rosa roja.
- Tres clavos.
- Cuatro semillas de manzana.
- Dos gotas de esencia de granada.
- Dos onzas de jugo de frambuesa.
- Un pedazo grande de raíz de *ginseng*.
- Un caldero.
- Una bolsa de té para colar.
- Un recipiente de vidrio con tapa hermética.

Decore su altar con telas rojas y blancas y luego ponga sobre él un cuarzo blanco, una piedra lunar y un granate. Añada todos los ingredientes al caldero y llévelo a la cocina. Decore la zona en la que esté trabajando con velas de colores y velas de té. Remueva la mezcla a fuego lento y diga: «Doy este vino para mostrar mi amor y espero que lo encuentren sabroso, que traigan amor a mi vida y que su llegada sea veloz». Mientras se enfría, agradezca a Freya, la diosa del amor, por sus atenciones y luego embotelle el contenido. Guárdelo en la nevera hasta que encuentre a la persona que considere digna de su amor.

Poción de atracción de dinero

Lo que necesita:

- Cuatro tazas de agua.
- Cuatro palitos de canela.
- Cuatro clavos de olor.
- Una cucharadita de especias en polvo.
- Dos ramitas de menta fresca.
- Dos cucharaditas de azúcar morena.

Cubra su altar con telas verdes y doradas y encienda una vela blanca ungida con su aceite favorito. Ponga billetes de tres dólares sobre el altar. Lleva el caldero a la cocina y hierva el agua junto con todos los demás ingredientes, excepto la menta fresca, durante cinco minutos. Tape el caldero y deje reposar la mezcla durante diez minutos fuera del fuego. Diga lo siguiente: «Es agradable tener dinero y efectivo; me hace feliz y mi alma se llena si el universo quiere traerme esa riqueza y ese amor».

Añada la menta fresca al líquido. Déjelo enfriar antes de colarlo y servirlo con hielo o como bebida caliente. Sienta la emoción de recibir sus recompensas mientras bebe la poción. Una vez que termine, agradezca a los espíritus por su ayuda. Para obtener más fuerza, rocíe la poción sobre los billetes y déjelos en su altar.

Poción *hocus focus*

Lo que necesita:

- Seis limones frescos.
- Cuatro tazas de agua.
- Una ramita de romero fresco.
- Azúcar morena.
- Miel.
- Jugo de lima.
- Hojas de laurel.
- Un vaso.
- Hielo.

Prepare el zumo base exprimiendo los limones en tres tazas de agua. Mientras los exprime, poténcielos visualizando una versión de usted más inteligente y aguda después de tomar la poción. Imagine las increíbles ideas que tendrá y la positividad que fluirá de su mente. Aparte el zumo para que se infusione con el resto de los ingredientes.

En el fuego, caliente el agua restante con el romero, el azúcar y la miel. Déjela hervir durante diez minutos hasta que todo el azúcar se haya disuelto. Ahora, deje que la mezcla se enfríe mientras imagina el éxito que encontrará en el futuro. Ese nuevo trabajo o la perspectiva de nuevas experiencias, deje que sus sentidos se centren en su futuro.

Ponga hielo en un vaso y vierta el líquido de limón. Retire la ramita de romero y utilice el líquido dulce para balancear el sabor del limón. Cree un elixir dulce para favorecer su salud mental y disfrute.

Poción para traer calor

Lo que necesita:

- Una ramita de romero.
- Media cucharadita de tomillo.
- Una pizca de salvia.
- Una pizca de nuez moscada.
- Dos cucharaditas de menta para té.
- Tres clavos de olor.
- Tres pétalos de rosa.
- Seis gotas de jugo de limón.
- Agua.
- Una foto de su ser amado.
- Un cuarzo rosa.

Prepare el altar con telas rojas y rosadas y encienda tres velas blancas. Ponga la foto y el cuarzo delante de la vela blanca central. Añada los demás ingredientes al caldero y caliéntelos sobre las velas, o llévelos a la cocina y caliéntelos en el fuego.

Mientras se enfría la mezcla, repita lo siguiente «El amor y el calor me llenan de esperanza y amor; que este té devuelva la pasión a mi amor y a mí». Cuele el líquido y bébalo a sorbos mientras visualiza el calor que ambos llevarán al dormitorio.

Conclusión

Felicidades, ha atravesado el helado norte y ha llegado al otro lado. ¿Está preparado para vivir la vida de los nórdicos? ¿Le atrae la magia o este modo de vida? Es una elección personal y por mucho que se enrede en las costumbres nórdicas, ¡todo es bueno! Llevar una vida más virtuosa y volver a lo básico puede hacer de usted una mejor persona; añada algo de conocimiento mágico, ¡y estará volando! La magia no debe ser solo algo que lo maraville, debería formar parte de su vida habitual.

A todos nos vendría bien un toque de encanto, misterio y felicidad nórdica, y el *trolldom* es la forma perfecta de empezar. Pruebe el estilo de vida *hygge* y las costumbres escandinavas, seguro que se sentirá iluminado. Buena suerte en su viaje y recuerde ser nórdico y abrazar a los troles.

Vea más libros escritos por Mari Silva

Su regalo gratuito

¡Gracias por descargar este libro! Si desea aprender más acerca de varios temas de espiritualidad, entonces únase a la comunidad de Mari Silva y obtenga el MP3 de meditación guiada para despertar su tercer ojo. Este MP3 de meditación guiada está diseñado para abrir y fortalecer el tercer ojo para que pueda experimentar un estado superior de conciencia.

https://livetolearn.lpages.co/mari-silva-third-eye-meditation-mp3-spanish/

¡O escanee el código QR!

Referencias

Futhark Magic: A Study of Ancient Runes - SnitchSeeker.com. (s.f.). Snitchseeker.Com. https://www.snitchseeker.com/term-27-january-april-2011/futhark-magic-a-study-of-ancient-runes-78018/

Dan. (14 de noviembre de 2012). *Runes.* Norse Mythology for Smart People. https://norse-mythology.org/runes/

Dan. (29 de junio de 2013). *Runic Philosophy and Magic.* Norse Mythology for Smart People. https://norse-mythology.org/runes/runic-philosophy-and-magic/

Gol stave church. (13 de abril de 2019). Stavechurch.com. https://www.stavechurch.com/gol-stave-church/?lang=en

Harper, B. (15 de octubre de 2018). *47 Harry Potter spells to memorize while you're waiting for your Hogwarts letter.* Fatherly. https://www.fatherly.com/entertainment/25-harry-potter-spells-charms-everyone-should-know

McKay, A. (21 de agosto de 2020). *Viking runes: The historic writing systems of northern Europe.* Life in Norway. https://www.lifeinnorway.net/viking-runes/

Page, R. I. (1998). *Runes and runic inscriptions: Collected essays on Anglo-Saxon and viking runes.* Boydell Press.

Runemarks: Using runes. (s.f.). Joanne-harris.co.uk. http://www.joanne-harris.co.uk/books/runemarks/runemarks-using-runes/

Runer og magi. (s.f.). Avaldsnes. https://avaldsnes.info/en/viking/lorem-ipsum/

S., J. (27 de abril de 2021). *How to read rune stones.* Norse and Viking Mythology [Best Blog] - Vkngjewelry; vkngjewelry. https://blog.vkngjewelry.com/en/rune-divination-how-to-read-the-runes/

Sørensen, A. C., & Horte, R. M. J. (s.f.). *Runes.* Vikingeskibsmuseet i Roskilde. https://www.vikingeskibsmuseet.dk/en/professions/education/viking-age-people/runes

Thornton, A. (11 de junio de 2022). *Norse runes: Ultimate guide to the Vikings' Nordic alphabet.* Seek Scandinavia; Houseplant Authority. https://seekscandinavia.com/norse-runes/

Viking runes and runestones. (8 de junio de 2014). History. https://www.historyonthenet.com/viking-runes-and-runestones

Wigington, P. (22 de diciembre de 2008). *The Norse Runes - A basic overview.* Learn Religions. https://www.learnreligions.com/norse-runes-basic-overview-2562815

Williams, J. A. (s.f.). *The power and mystery of the runes.* Curious Historian https://curioushistorian.com/the-power-and-mystery-of-the-runes

Zhelyazkov, Y. (2 de febrero de 2022). *Norse runes explained – meaning and symbolism.* Symbol Sage. https://symbolsage.com/norse-runes-meaning-symbolism/

(s.f.-a). Holisticshop.co.uk. https://www.holisticshop.co.uk/articles/guide-runes

(s.f.-b). Viking-styles.com https://viking-styles.com/blogs/history/runes

20 Children of Odin: Who are they? (15 de mayo de 2021). Myth Nerd. https://mythnerd.com/children-of-odin/

Balder – loved by everyone. (s.f.). Historiska.Se. https://historiska.se/norse-mythology/balder-en/

Dan. (14 de noviembre de 2012a). *Norse mythology for Smart People - the ultimate online guide to Norse mythology and religion.* Norse Mythology for Smart People. https://norse-mythology.org/

Dan. (15 de noviembre de 2012b). *Bifrost.* Norse Mythology for Smart People. https://norse-mythology.org/cosmology/bifrost/

Dan. (15 de noviembre de 2012c). *Fenrir.* Norse Mythology for Smart People. https://norse-mythology.org/gods-and-creatures/giants/fenrir/

Dan. (15 de noviembre de 2012d). *Freyr.* Norse Mythology for Smart People. https://norse-mythology.org/gods-and-creatures/the-vanir-gods-and-goddesses/freyr/

Dan. (15 de noviembre de 2012e). *Jormungand.* Norse Mythology for Smart People. https://norse-mythology.org/gods-and-creatures/giants/jormungand/

Dan. (15 de noviembre de 2012f). *Muspelheim.* Norse Mythology for Smart People. https://norse-mythology.org/cosmology/the-nine-worlds/muspelheim/

Dan. (15 de noviembre de 2012g). *Odin's Discovery of the runes.* Norse Mythology for Smart People. https://norse-mythology.org/tales/odins-discovery-of-the-runes/

Dan. (15 de noviembre de 2012h). *Ragnarok.* Norse Mythology for Smart People. https://norse-mythology.org/tales/ragnarok/

Dan. (15 de noviembre de 2012i). *The Creation of Thor's Hammer.* Norse Mythology for Smart People. https://norse-mythology.org/tales/loki-and-the-dwarves/

Dan. (15 de noviembre de 2012j). *The Death of Baldur.* Norse Mythology for Smart People. https://norse-mythology.org/tales/the-death-of-baldur/

Dan. (15 de noviembre de 2012k). *The Norns.* Norse Mythology for Smart People. https://norse-mythology.org/gods-and-creatures/others/the-norns/

Dan. (15 de noviembre de 2012l). *Valhalla.* Norse Mythology for Smart People. https://norse-mythology.org/cosmology/valhalla/

Dan. (15 de noviembre de 2012m). *Why Odin is one-Eyed.* Norse Mythology for Smart People. https://norse-mythology.org/tales/why-odin-is-one-eyed/

Dan. (15 de noviembre de 2012n). *Yggdrasil.* Norse Mythology for Smart People. https://norse-mythology.org/cosmology/yggdrasil-and-the-well-of-urd/

Dan. (20 de mayo de 2014). *Skoll and Hati.* Norse Mythology for Smart People. https://norse-mythology.org/skoll-hati/

Elly, M. (11 de mayo de 2018a). *The punishment of Loki.* BaviPower. https://bavipower.com/blogs/bavipower-viking-blog/the-punishment-of-loki

Elly, M. (6 de julio de 2018b). *Odin's Sons in Norse Myth.* BaviPower. https://bavipower.com/blogs/bavipower-viking-blog/odins-sons-in-norse-myth

Manea, I.-M. (2022). Magic rings in Norse mythology. *World History Encyclopedia.* https://www.worldhistory.org/article/1950/magic-rings-in-norse-mythology/

Mark, J. J. (2021). Sif. *World History Encyclopedia.* https://www.worldhistory.org/Sif/

No title. (s.f.). Study.com. https://study.com/academy/lesson/what-is-norse-mythology-overview-deities-stories.html

Damian, Angel. "TROLLS! Discover 7 Strange Facts about These Mythical Creatures." Themagichoroscope.com, 29 Jan. 2020, https://themagichoroscope.com/zodiac/mythical-creatures-trolls

"Get to Know the Magic of the Celtic Tree Calendar." Learn Religions, www.learnreligions.com/celtic-tree-months-2562403

"Home." The Trolldom Society, www.thetrolldomsociety.org/.

https://www.facebook.com/bohdi.sanders . "Bodhi Sanders." The Wisdom Warrior, 31 Mar. 2018, https://thewisdomwarrior.com/2010/09/17/the-nine-noble-virtues-viking-values-for-the-warrior-lifestyle/

"My 10 Best Witchcraft Tips for Beginners." Orion the Witch, 7 Aug. 2019, www.orionthewitch.com/10-tips-beginnerwitchcraft/#:~:text=My%2010%20Best%20Witchcraft%20Tips%20for%20Beginners%201

"Online Spell Book." Free Witchcraft Spells

Seal, Graham. "THE BLACK BOOK – Dealing with Demons." GRISTLY HISTORY, 1 Dec. 2020, https://gristlyhistory.blog/2020/12/01/the-black-book-dealing-with-demons/

Studios, Clockpunk. "Dwarf Magic." Altearth, www.altearth.net/articles/history-nations/dwarves/dwarf-magic/

team, The Stylist web. "How to Live Nordicly: Achieving Health and Happiness with Tips from the Frozen North." Stylist, 13 June 2016, www.stylist.co.uk/life/how-to-live-nordicly-scandinavia-sweden-norway-denmark-iceland-health-happiness-tips/64781

"The Key of Hell." Astonishing Legends, www.astonishinglegends.com/astonishing-legends/2019/5/11/the-key-of-hell

"The Ultimate Guide to Magical Herbs for Spells & Rituals - TheMagickalCat.com." Www.themagickalcat.com, 18 Nov. 2020, www.themagickalcat.com/magical-herbs-guide

"Using Magical Crystals & Gemstones." Learn Religions, www.learnreligions.com/magical-crystals-and-gemstones-2562758#:~:text=%20Magical%20Crystals%20and%20Gemstones%20%201%20Agate..

"What Are Trolls? Exploring the Mystery of Scandinavian Trolls." Scandification, 30 Jan. 2020, https://scandification.com/exploring-the-mystery-of-scandinavian-trolls/

WiseWitch. "Powerful Cord and Knot Magick." Wise Witches and Witchcraft, 3 July 2018, https://witchcraftandwitches.com/witchcraft/powerful-cord-and-knot-magick/

Yong, Ced. "The Epic List of 250 Legendary Swords from Mythology, Folklore, and Fiction." HobbyLark, https://hobbylark.com/fandoms/The-Epic-List-of-250-Legendary-Swords#:~:text=Mistilteinn%3A%20In%20Norse%20mythology%2C%20the%20magical%20sword%20of

Fuentes de imágenes

[1] https://pixabay.com/images/id-947831/

[2] https://pixabay.com/images/id-6508602/

[3] https://pixabay.com/images/id-2644529/

[4] https://unsplash.com/photos/cBkHr5RuooA

[5] https://unsplash.com/photos/vzrKcFry8Sc

[6] https://unsplash.com/photos/FjYwhowyp6k

[7] https://unsplash.com/photos/rsjwsaTLGgE

[8] https://commons.wikimedia.org/wiki/File:9crossings-knot-symmetric-triangles-quasi-valknut.svg

[9] https://pixabay.com/images/id-1248955/

[10] https://pixabay.com/images/id-3818908/

[11] https://commons.wikimedia.org/wiki/File:Trident,_Burmese,_18th_century.JPG

[12] https://pixabay.com/photos/excalibur-flame-sword-weapon-light-8585598/

[13] Louvre Museum, CC0, via Wikimedia Commons: https://commons.wikimedia.org/wiki/File:%C3%89p%C3%A9e_du_sacre_des_rois_de_France,_dite_Joyeuse_-_Mus%C3%A9e_du_Louvre_Objets_d%27art_MS_84.jpg

[14] https://unsplash.com/photos/0ujNS9PMFhM

[15] https://pixabay.com/es/illustrations/cl%c3%a1sico-arthur-rackham-victoriano-1722318/

[16] jaja_1985, CC BY 2.0 <https://creativecommons.org/licenses/by/2.0>, via Wikimedia Commons: https://commons.wikimedia.org/wiki/File:Carnelian_-_tumble_polished_stone.jpg

[17] https://pixabay.com/images/id-1072828/

www.ingramcontent.com/pod-product-compliance
Lightning Source LLC
Chambersburg PA
CBHW051853160426
43209CB00006B/1286
* 9 7 8 1 6 3 8 1 8 4 3 7 9 *